# Reading Skill로 끝내는 중학 내신 독해 3
### Level

KB037672

Happy House

# 구성 및 특징

지문 정보 요약
지문의 주제, 단어 수, 그리고 난이도를
쉽게 확인할 수 있습니다.
(상 ★★★, 중 ★★☆, 하 ★☆☆)

**다양한 소재의 독해 지문 학습**

챕터별로 리딩 스킬에 맞는 신선하고 흥미로운
소재의 4개의 지문이 레벨에 맞게 구성되어 있습니다.

**핵심 구문 분석 / 서술형 핵심 문법**

지문을 이해하는 데에 도움이 되는 핵심 구문 및
서술형 평가를 위한 중학 필수 문법을 분석하여
제시합니다.

**리딩 스킬 학습**

효과적인 독해를 위한 리딩 스킬을 선별하여 챕터별
로 제시하였습니다.

- **Step 01** 리딩 스킬의 이론적인 이해를 위한 설명을 해
  줍니다.
- **Step 02** 해당 리딩 스킬이 어떻게 유형화되어 문제에
  출제되는지 알려줍니다.
- **Step 03** 해당 유형의 문제를 풀 수 있는 Tips를 제시합
  니다.
- **Step 04** 학습한 리딩 스킬을 적용한 내신 실전 문제를
  제시합니다.

**내신 대비 실전 Test**

학습한 문법과 어휘를 확장해 평가할 수 있는 선다
형 문제를 포함한 최신 서술형 문제를 수록하여 내
신 시험에 대비하도록 하였습니다. 특히 같은 지문을
읽고, 본문과는 다른 심화한 유형의 문제를 수록하여
재확인할 수 있도록 구성하였습니다.

## 01

Math | 174 words | ★ ★ ☆

Most students learn the *multiplication tables in elementary school.
They learn 3 × 5 = 15 and 7 × 6 = 42. But what about multiplying larger
numbers? By using *Vedic mathematics, you can solve those problems
easily. It is a set of strategies that can 당신이 어려운 계산을 빨리 풀 수 있도록
돕는다.

Let's try multiplying by 11. How about this problem: 23 × 11? To use
Vedic mathematics, add the digits of the number you are multiplying by 11
together. So 2 + 3 = 5. Then, put that number _____.
So 23 × 11 = 253. Don't believe it? Check it out on your calculator.

How about multiplying by 15? Try solving 24 × 15. This is even easier.
(A) After that, add the two numbers together. 240 + 120 = 360. (B) First,
multiply 24 by 10. So 24 × 10 = 240. (C) Then, divide 240 by 2. That is 120.

There are many more shortcuts in Vedic
mathematics. Learn them, and you will never
need a calculator again.

*multiplication table 구구단, 곱셈표
*Vedic mathematics 베다 수학(인도에서 전통적으로 발전해 온 수학)

**핵심 구문 분석**

2형 ▶ But / **what about** / multiplying / larger numbers?
하지만 / ~하는 것은 어떠한가 / 곱하는 것 / 더 큰 숫자들을

〈what/how about ~?〉은 '~하는 것은 어떠한가?'라는 의미로 상대방에게 제안할 때 사용된다. what/how about 뒤에는
명사나 동명사가 올 수 있다.

8

CHAPTER **01** **Complete the Sentences**
빈칸 추론

**Reading 리딩 스킬 Tip(s)**

Complete the Sentences는 글에서 비어 있는 중요 정보를 앞뒤 문맥을 통해서 완성하는 유형의 문제이다.

CHAPTER **01** 내신대비 **실전 Test**

My best friend tells her secrets me.

지문 QR코드
QR코드를 스캔하여 해당 지문의
MP3 파일을 바로 들을 수 있습니다.

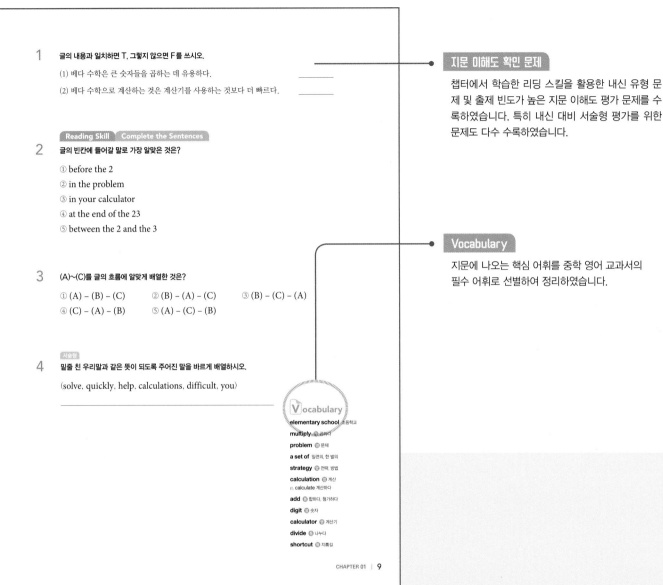

1 글의 내용과 일치하면 T, 그렇지 않으면 F를 쓰시오.

(1) 베다 수학은 큰 숫자들을 곱하는 데 유용하다. _____

(2) 베다 수학으로 계산하는 것은 계산기를 사용하는 것보다 더 빠르다. _____

**지문 이해도 확인 문제**

챕터에서 학습한 리딩 스킬을 활용한 내신 유형 문제 및 출제 빈도가 높은 지문 이해도 평가 문제를 수록하였습니다. 특히 내신 대비 서술형 평가를 위한 문제도 다수 수록하였습니다.

[Reading Skill] [Complete the Sentences]

2 글의 빈칸에 들어갈 말로 가장 알맞은 것은?

① before the 2
② in the problem
③ in your calculator
④ at the end of the 23
⑤ between the 2 and the 3

3 (A)~(C)를 글의 흐름에 알맞게 배열한 것은?

① (A) – (B) – (C)　　② (B) – (A) – (C)　　③ (B) – (C) – (A)
④ (C) – (A) – (B)　　⑤ (A) – (C) – (B)

[서술형]

4 밑줄 친 우리말과 같은 뜻이 되도록 주어진 말을 바르게 배열하시오.

(solve, quickly, help, calculations, difficult, you)

_____

**Vocabulary**

지문에 나오는 핵심 어휘를 중학 영어 교과서의 필수 어휘로 선별하여 정리하였습니다.

**Vocabulary**

**elementary school** 초등학교
**multiply** ⓥ 곱하다
**problem** ⓝ 문제
**a set of** 일련의, 한 벌의
**strategy** ⓝ 전략, 방법
**calculation** ⓝ 계산
　ⓥ. calculate 계산하다
**add** ⓥ 합치다, 첨가하다
**digit** ⓝ 숫자
**calculator** ⓝ 계산기
**divide** ⓥ 나누다
**shortcut** ⓝ 지름길

CHAPTER 01 | 9

**Workbook**

챕터별 중요 어휘와 숙어를 다양한 문제와 새로운 예문으로 복습할 수 있도록 구성하였습니다. 또한 본문에 나온 문법을 활용하여 새로운 문장을 완성해 보는 서술형 연습 문제를 다수 수록하였습니다.

# Contents
목차

## Reading Skill 이해하기

**Complete the Sentences**는 글에서 비어 있는 정보를 앞뒤 문장과 전체적인 내용에 근거해 추론하는 리딩 스킬이다. 빈칸 앞뒤에 주어진 단서들을 이용하여 글의 전체적인 흐름에 어긋나지 않고, 문맥에 맞는 내용을 논리적으로 추론해야 한다.

## 지시문 유형

▸ 글의 빈칸에 들어갈 말로 가장 알맞은 것은?

▸ 글의 빈칸 (a)와 (b)에 공통으로 들어갈 말로 가장 알맞은 것은?

## 문제 해결 Tips

▸ 빈칸이 첫 문장이나 마지막 문장에 있으면 주제문일 경우가 대부분이므로 글의 주제나 요지를 나타내는 핵심어구를 추론한다.

▸ 빈칸이 있는 앞뒤 문장에 빈칸 내용을 알려주는 결정적인 어구가 있을 가능성이 높다.

▸ 주제나 요지와 관련된 핵심적인 내용은 반복해서 등장하므로 선택지에서 이와 연관된 내용을 찾는다.

## 내신 실전 적용 독해

**글의 빈칸에 들어갈 말로 가장 알맞은 것은?**

Do you like swimming? How about cycling or running? Perhaps you enjoy all three activities. Then you should compete in a triathlon. The "tri" in the name indicates it involves three activities: swimming, cycling, and running. Competitors race by swimming, cycling, and running without taking a break. The first one took place in 1974. The competitors had to swim 500 yards, cycle five miles, and run six miles. The triathlon is _____ but has become popular. And it became an Olympic sport in 2000.

① a popular sport        ② a difficult race

③ a traditional race      ④ an exciting race

⑤ not very hard

Most students learn the *multiplication tables in elementary school. They learn 3 × 5 = 15 and 7 × 6 = 42. But what about multiplying larger numbers? By using *Vedic mathematics, you can solve those problems easily. It is a set of strategies that can 당신이 어려운 계산을 빨리 풀 수 있도록 <u>돕는다</u>.

Let's try multiplying by 11. How about this problem: 23 × 11? To use Vedic mathematics, add the digits of the number you are multiplying by 11 together. So 2 + 3 = 5. Then, put that number _____. So 23 × 11 = 253. Don't believe it? Check it out on your calculator.

How about multiplying by 15? Try solving 24 × 15. This is even easier. (A) After that, add the two numbers together. 240 + 120 = 360. (B) First, multiply 24 by 10. So 24 × 10 = 240. (C) Then, divide 240 by 2. That is 120.

There are many more shortcuts in Vedic mathematics. Learn them, and you will never need a calculator again.

*multiplication table 구구단, 곱셈표
*Vedic mathematics 베다 수학(인도에서 전통적으로 발전해 온 수학)

---

**핵**심 구문 분석 _____

2행 ▶ But / **what about** / multiplying / larger numbers?
하지만 / ~하는 것은 어떠한가 / 곱하는 것 / 더 큰 숫자들을

〈what/how about ~?〉은 '~하는 것은 어떠한가?'라는 의미로 상대방에게 제안할 때 사용된다. what/how about 뒤에는 명사나 동명사가 올 수 있다.

**1** 글의 내용과 일치하면 T, 그렇지 않으면 F를 쓰시오.

(1) 베다 수학은 큰 숫자들을 곱하는 데 유용하다. _____

(2) 베다 수학으로 계산하는 것은 계산기를 사용하는 것보다 더 빠르다. _____

**Reading Skill** **Complete the Sentences**

**2** 글의 빈칸에 들어갈 말로 가장 알맞은 것은?

① before the 2

② in the problem

③ in your calculator

④ at the end of the 23

⑤ between the 2 and the 3

**3** (A)~(C)를 글의 흐름에 알맞게 배열한 것은?

① (A) – (B) – (C)　　② (B) – (A) – (C)　　③ (B) – (C) – (A)

④ (C) – (A) – (B)　　⑤ (A) – (C) – (B)

**서술형**

**4** 밑줄 친 우리말과 같은 뜻이 되도록 주어진 말을 바르게 배열하시오.

(solve, quickly, help, calculations, difficult, you)

_____

**V**ocabulary

**elementary school** 초등학교

**multiply** 동 곱하다

**problem** 명 문제

**a set of** 일련의, 한 벌의

**strategy** 명 전략, 방법

**calculation** 명 계산
*v.* calculate 계산하다

**add** 동 합하다, 첨가하다

**digit** 명 숫자

**calculator** 명 계산기

**divide** 동 나누다

**shortcut** 명 지름길

*Claw machines are very popular nowadays. You can see them in grocery stores, shopping malls, and other busy places. They are simple and fun to play. You just put a coin in them and use the claw to grab a prize. 5

The game looks easy. However, it is not easy to win a prize. The pincers do not grab the prizes tightly enough. The claws also often release the prizes, so they fall down. Then, you have to spend more money to try again.

There is ⓐ a reason these things happen. Claw machines are set up to 10 make you lose. People do not want to play machines they can never win on. So the claws are cleverly programmed. They only have a strong grip some of the time. So be careful when you play claw machines. You may lose a lot of money and _____.

*claw machine 인형 뽑기 기계

1 What is the passage mainly about?

① the principle of claw machines
② where you can see claw machines
③ how to play with claw machines
④ why it is hard to win on claw machines
⑤ the popularity of claw machines

2 인형 뽑기 기계에 관한 글의 내용과 일치하지 <u>않는</u> 것은?

① 사람들이 많이 모이는 곳에 놓여있다.
② 집게발을 움직여 상품을 잡도록 만들어져 있다.
③ 조작하기 어려워 상품을 획득하기가 쉽지 않다.
④ 집게발이 상품을 꽉 잡지 않고 떨어뜨리는 경우가 많다.
⑤ 사람들이 상품을 쉽게 획득하지 못하도록 설정되어 있다.

Reading Skill Complete the Sentences

3 글의 빈칸에 들어갈 말로 가장 알맞은 것은?

① have fun            ② win nothing            ③ spend more money
④ enjoy the game      ⑤ win a lot of prizes

서술형

4 글의 밑줄 친 ⓐ <u>a reason</u>이 의미하는 내용을 우리말로 쓰시오.

_____

서술형

5 다음 빈칸에 알맞은 단어를 글에서 찾아 쓰시오.

> _____ are fun to play, but it is not easy to win a _____. The reason is that they are set up to make you _____.

**V̌ocabulary**

**grocery store** 식료품점
**coin** 몡 동전
**claw** 몡 집게발, 발톱
**grab** 통 붙잡다, 움켜잡다
**prize** 몡 상품, 상
**win** 통 따다, 획득하다
**pincer** 몡 집게발, 펜치
**tightly** 튀 단단히, 꽉
**release** 통 놓아 주다, 풀다
**fall down** 떨어지다
**spend** 통 (돈을) 쓰다, (시간을) 보내다
**set up** 설치하다, 설정하다
**lose** 통 지다, 잃다
**machine** 몡 기계
**program** 통 프로그램을 짜다
**grip** 몡 붙잡음, 움켜쥠

# 03

Health | 149 words | ★ ★ ★

The flu is caused by a virus. So are *chickenpox, *measles, and *polio. Viruses can make people sick and even kill them. Fortunately, due to the discovery of vaccines, people can be protected from some viruses.

Vaccines do not cure diseases but prevent people from getting sick. (a) They contain a dead or weakened form of a virus and are usually injected into a person's body. (b) Because the virus in the vaccine is dead or weak, it cannot make the person sick. (c) However, the body's immune system recognizes the virus as a threat. (d) Exercise can help the immune system. (e) It then makes *antibodies that fight and kill the virus.

When the virus is killed, the antibodies break down and disappear. However, the body remembers how to make them. Later, if that person is infected with the actual virus, the body will _____. They will destroy the virus and prevent the person from getting sick.

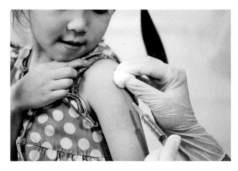

*chickenpox 수두   *measles 홍역
*polio 소아마비   *antibody 항체

---

**핵**심 구문 분석 _____

11행 ▶ However, / the body / remembers / **how to make** / them.
　　　 그러나 / 몸은 / 기억한다 / 어떻게 만드는지를 / 그것들을

〈의문사 + to부정사〉 형태인 〈what/who(m)/when/where/how + to부정사〉는 '무엇을/누구를/언제/어디에서/어떻게 ~할지'라는 의미로 문장에서 주어, 목적어, 보어 역할을 한다. 〈의문사 + 주어 + should + 동사〉로 바꿔 쓸 수 있다.

12

**1** 다음 중 글의 내용과 일치하지 <u>않는</u> 것은?

① 독감은 바이러스에 의해 생기는 질병이다.

② 백신은 질병을 치료하지는 않는다.

③ 바이러스가 몸에 들어오면 항체가 생성된다.

④ 항체는 바이러스와 싸워 우리 몸을 지킨다.

⑤ 바이러스를 물리친 항체는 몸에 남아있다.

**2** 글의 (a)~(e) 중, 전체 흐름과 관계 <u>없는</u> 문장은?

① (a)　　② (b)　　③ (c)　　④ (d)　　⑤ (e)

**Reading Skill** **Complete the Sentences**

**3** 글의 빈칸에 들어갈 말로 가장 알맞은 것은?

① kill the virus

② be protected

③ become weak

④ start getting sick

⑤ start making antibodies

서술형

**4** 백신 안에 있는 바이러스가 사람을 병에 걸리게 하지 <u>않는</u> 이유를 우리말로 쓰시오.

_____

**V**ocabulary

**flu** 명 독감

**virus** 명 바이러스

**vaccine** 명 (예방) 백신

**cure** 동 치료하다, 고치다

**weakened** 형 약해진, 약화된

**inject** 동 주사하다, 주입하다

**immune system** 면역체계

**threat** 명 위협

**infect** 동 감염시키다

**actual** 형 실제의

**destroy** 동 파괴하다

People put ketchup on burgers and fries. It is an extremely popular *condiment. However, people did not consider ketchup food in the 1800s. Instead, they thought it was \_\_\_\_(a)\_\_\_\_ .

Originally, ketchup was made of either fish or mushrooms. In 1834, Dr. John Cooke Bennet added tomatoes to ketchup to give it more vitamins and *antioxidants. Then, he advertised it as medicine. He claimed it could ⓐ cure various problems, such as *diarrhea. He even made ketchup into pills to make it look more like \_\_\_\_(b)\_\_\_\_ .

At that time, even experts did not know why certain foods were healthy or helped people. ① So people believed Dr. Bennet's claim, and sales of ketchup increased. ② Then, other people started making their own. ③ They insisted ketchup could cure *scurvy and heal broken bones. ④ But they liked the taste, so they continued buying tomato ketchup to eat. ⑤

*condiment 조미료, 양념  *antioxidant 산화 방지제
*diarrhea 설사  *scurvy 괴혈병

### 서술형 핵심 문법

6행 ▶ **give + A(간접목적어) + B(직접목적어):** 'A에게 B를 주다'라는 의미로 〈give B to A〉로 바꿔 쓸 수 있다. 이와 같은 동사에는 show, tell, send, lend, read, write 등이 있다.
Dr. John Cooke Bennet added tomatoes to ketchup to **give** it more vitamins and antioxidants.
John Cooke Bennet 박사는 케첩에 더 많은 비타민과 산화 방지제를 주기 위해서 그것에 토마토를 첨가했다.

📝 다음 문장을 어법에 맞도록 바르게 고쳐 쓰시오.
He showed his pictures us. 그는 우리에게 그의 사진들을 보여주었다.

**1** 글의 제목으로 가장 알맞은 것은?

① How Ketchup Got Its Name
② What Ketchup Is Made Of
③ The Secret behind Ketchup's Taste
④ What Diseases Ketchup Can Cure
⑤ Tomato Ketchup Sold As Medicine

Reading Skill  Complete the Sentences

**2** 글의 빈칸 (a)와 (b)에 공통으로 들어갈 말로 가장 알맞은 것은?

① a dessert      ② a nutrient      ③ medicine
④ a condiment    ⑤ food

**3** 다음 문장이 들어갈 위치로 가장 알맞은 곳은?

> By 1850, people knew these claims were false.

①          ②          ③          ④          ⑤

서술형

**4** 밑줄 친 ⓐ cure와 바꿔 쓸 수 있는 단어를 글에서 찾아 쓰시오.

_____

서술형

**5** 글의 내용과 일치하도록 다음 질문에 답하시오.

Q: Why did Dr. Bennet add tomatoes to ketchup?
A: He wanted to give _____ .

**V**ocabulary

**extremely** 📖 매우, 굉장히
**medicine** 📖 약, 의약품
**originally** 📖 원래, 본래
**claim** 📖 주장하다 📖 주장
**pill** 📖 알약
**certain** 📖 어떤, 확실한
**sale** 📖 판매 *cf.* sales 매출량
**insist** 📖 주장하다
**heal** 📖 치료하다, 치유하다
**false** 📖 거짓의, 틀린
**taste** 📖 맛, 풍미
**continue** 📖 계속하다

**서술형**

1 다음 영영풀이가 의미하는 단어를 넣어 문장을 완성하시오.

> to spread a disease to a person

Some bird flu viruses can even _____ people.

2 다음 짝지어진 두 단어의 관계가 나머지 넷과 다른 것은?

① cure : heal      ② insist : claim
③ false : wrong    ④ lose : win
⑤ continue : last

3 다음 빈칸에 들어갈 말로 알맞은 것은?

> Snowflakes _____ slowly from the sky.

① set up         ② fall down
③ check out      ④ break down
⑤ get sick

4 다음 두 문장의 의미가 같도록 빈칸에 알맞은 말을 쓰시오.

> I don't know where to go for vacation.
> = I don't know where I _____ go for vacation.

① be        ② can        ③ may
④ will       ⑤ should

5 다음 빈칸에 들어갈 말로 알맞지 않은 것은?

> Cindy _____ a card to me for my birthday.

① bought     ② sent       ③ read
④ wrote      ⑤ gave

6 다음 중 어법상 어색한 것은?

① I don't know what to buy.
② His mother gave some cookies us.
③ What about taking some medicine?
④ It is hard to cure diseases such as cancer.
⑤ She wrote an email to her teacher.

7 다음 밑줄 친 부분의 쓰임이 나머지 넷과 다른 것은?

① It is my pleasure to help you.
② It is not easy to win a gold medal.
③ It is very important to me.
④ It is impossible to continue the project.
⑤ It is difficult to solve the math problems.

**서술형**

8 다음 문장을 어법에 맞도록 바르게 고쳐 쓰시오.

> My best friend tells her secrets me.

_____

**서술형**

9 다음 우리말과 같은 뜻이 되도록 주어진 말을 바르게 배열하시오.

> 오늘 오후에 쇼핑하러 가는 건 어때요?

(going, shoppping, how, this afternoon, about)

_____

Claw machines are very popular nowadays. You can see them in grocery stores, shopping malls, and other busy places. They are simple and fun to play. You just put a coin in them and use the claw to grab a prize.

The game looks easy. However, it is not easy to win a prize. The pincers do not grab the prizes tightly enough. The claws also often release the prizes, so ⓐ they fall down. Then, you have to spend more money to try again.

① Claw machines are set up to make you lose. ② People do not want to play machines they can never win on. ③ So the claws are cleverly programmed. ④ They only have a strong grip some of the time. ⑤ So be careful when you play claw machines. You may lose a lot of money and win nothing.

**10** 글의 밑줄 친 ⓐ they가 가리키는 것은?

① games　　② pincers　　③ claws
④ prizes　　⑤ claw machines

**11** 다음 문장이 들어갈 위치로 가장 알맞은 곳은?

There is a reason these things happen.

①　　②　　③　　④　　⑤

서술형
**12** 다음 영영풀이에 해당하는 단어를 글에서 찾아 쓰시오.

to hold something firmly with your hand

_____

People put ketchup on burgers and fries. It is an extremely popular condiment. However, people did not consider ketchup food in the 1800s. _____, they thought it was medicine.

Originally, ketchup ⓐ was made by either fish ⓑ or mushrooms. In 1834, Dr. John Cooke Bennet added tomatoes to ketchup to give it more vitamins and antioxidants. Then, he advertised it as medicine. He claimed it could cure various problems, ⓒ such as diarrhea. He even made ketchup into pills to make it look more like medicine.

At that time, even experts did not know ⓓ why certain foods were healthy or helped people. So people believed Dr. Bennet's claim, and sales of ketchup increased. Then, other people ⓔ started making their own. They insisted ketchup could cure scurvy and heal broken bones.

**13** 글의 빈칸에 들어갈 말로 가장 알맞은 것은?

① For example　　② Finally
③ Instead　　　　④ In addition
⑤ However

**14** 글의 밑줄 친 ⓐ~ⓔ 중, 어법상 어색한 것은?

① ⓐ　　② ⓑ　　③ ⓒ　　④ ⓓ　　⑤ ⓔ

서술형
**15** Bennet 박사가 케첩을 알약으로 만든 이유를 우리말로 쓰시오.

# Summarizing

요약문 완성

## Reading Skill 이해하기

**Summarizing**은 글을 읽고 글의 핵심 내용을 간결하게 요약하는 리딩 스킬이다. 글의 요지와 그것을 뒷받침하는 핵심 세부 내용을 파악하여 요약문의 빈칸에 들어갈 말을 추론하는 능력이 필요하다.

### 지시문 유형

▸ 다음 빈칸에 알맞은 단어를 글에서 찾아 쓰시오.
▸ 다음 글의 내용을 한 문장으로 요약하고자 한다. 빈칸에 들어갈 단어로 알맞은 것은?

### 문제 해결 Tips

▸ 요약문을 먼저 읽고 어떤 내용의 글인지 유추해 본다.
▸ 글을 읽으면서 반복되는 핵심어를 통해 글의 요지 및 이를 뒷받침하는 세부 내용을 파악한다.
▸ 요약문은 글에서 사용된 단어를 그대로 쓰지 않고 다른 표현으로 바꾸는 경우가 많으므로 주의한다.

### 내신 실전 적용 독해

**다음 빈칸에 알맞은 단어를 글에서 찾아 쓰시오.**

One legendary story from Egypt is that Cleopatra died from a snake bite. She was the last queen of Egypt. When the Roman Octavian invaded Egypt in 44 B.C., Cleopatra decided to kill herself. So she made a snake bite her and two servants. However, some scientists doubt this story. According to them, only 10% of cobra bites are fatal. And one snake cannot deliver three fatal bites one after the other. How did she die then? Nobody is sure. But she and her servants probably just swallowed poison.

> It is said that Cleopatra died from a snake _____. However, some scientists disagree because cobra bites are not usually _____.

In recent years, people in Europe, Asia, and North America have suffered from severe cold weather. This freezing cold has killed many people. What has made the weather change?

Some scientists suggested that the Arctic plays a role. The Arctic is the northernmost area on the Earth. The weather there is cold and snowy most of the year. However, the Arctic is not as cold as it used to be. It is quickly becoming warmer. The warmer weather is causing the *jet stream to become weaker. The jet stream is made up of strong winds blowing from west to east. It normally blocks the cold Arctic air from going south.

However, the jet stream is not strong anymore. So cold Arctic winds are escaping from the Arctic and moving to southern areas. _____, they are making winters in parts of Europe, Asia, and North America much colder than normal.

*jet stream 제트 기류(대류권 상부나 성층권에서 불고 있는 강한 바람대)

---

**핵**심 구문 분석

1행 ▶ People / in Europe, Asia, and North America / **have suffered** / from severe cold weather.
사람들은 / 유럽, 아시아, 그리고 북미의 / 고통을 겪어왔다 / 극심한 추운 날씨로

현재완료(have + 과거분사)는 과거의 일이 현재까지 영향을 미치거나, 과거에 시작된 일이 현재까지 계속되고 있을 때 쓰며, 완료(지금 막 ~했다), 결과(~해버렸다), 경험(~한 적이 있다), 계속(~해오고 있다)의 의미를 갖는다.

1 What is the passage mainly about?

① the weather in the Arctic
② the role of the jet stream
③ the changing weather around the world
④ why winters have become so cold
⑤ where the Arctic is located

2 글에 따르면, 제트 기류가 약해진 이유는?

① 제트 기류가 남쪽으로 하강해서
② 제트 기류의 방향이 바뀌어서
③ 북극 지방의 날씨가 따뜻해져서
④ 제트 기류의 바람의 세기가 약해져서
⑤ 북극 지방의 찬 공기가 남쪽으로 하강해서

3 글의 빈칸에 들어갈 말로 가장 알맞은 것은?

① In other words    ② However    ③ In addition
④ For example    ⑤ As a result

Reading Skill    Summarizing

4 다음 빈칸에 알맞은 단어를 글에서 찾아 쓰시오.

> People have _____ from very cold winters recently. The Arctic is becoming _____ and it has caused the jet stream to weaken. The weakened jet stream cannot _____ cold Arctic air from going south.

Vocabulary

**severe** 형 극심한, 심각한

**freezing** 형 너무나 추운

**suggest** 통 제안하다, 시사하다

**the Arctic** 명 북극 (≠ the Antarctic 남극)

**play a role** 역할을 하다

**northernmost** 형 최북단의

**weak** 형 약한, 힘이 없는

**be made up of** ~로 구성되다

**normally** 부 보통, 일반적으로

**block** 통 막다, 차단하다

**escape from** ~에서 달아나다

**southern** 형 남쪽의, 남반구의

You do not need to be a great athlete to set a world record. Read the *Guinness Book of World Records.* There are hundreds of world records you can set from your home.

Here is one. How many rolls of toilet paper can you stack on top of one another in thirty seconds? The world record is twenty-eight. Do you think you can beat that? Or see how fast you can unroll a single roll of toilet paper with one hand. The world record is 9.80 seconds.

How many 500ml plastic bottles can you balance on one finger? You need to balance twenty-six to set the world record. Or try blowing a pea more than 7.51 meters with a single breath. And how about this one? How fast can you butter ten slices of bread? The world record is 26.11 seconds. Before you try doing that, be sure to ask your parents for permission.

*Guinness Book of World Records 세계 기록 기네스북

---

**서술형 핵심 문법**

5행 ▸ **how + 형용사/부사**: '얼마나 ~한/하게'라는 뜻으로 how 뒤에 형용사나 부사가 와서 길이, 빈도, 수량 등을 묻는 표현이 된다. Ex) how many/much (얼마나 많은/많이), how long (얼마나 오랫동안), how often (얼마나 자주), how fast (얼마나 빨리)

**How many** rolls of toilet paper can you stack on top of one another in thirty seconds?
당신은 30초 안에 얼마나 많은 두루마리 화장지를 서로 위에 쌓을 수 있는가?

✏️ 우리말과 같은 뜻이 되도록 주어진 말을 바르게 배열하시오.

당신은 얼마나 자주 쇼핑을 하러 가나요? (often / do / you / shopping / how / go)

**1** 글의 요지로 가장 알맞은 것은?

① There are many interesting world records.

② Practice is the key to setting a world record.

③ You can set a world record at your home.

④ It is difficult to beat a world record.

⑤ Read the *Guinness Book of World Records* for fun.

**2** 글의 내용과 일치하면 T, 그렇지 않으면 F를 쓰시오.

(1) 한 손으로 두루마리 화장지 빨리 감기 세계 기록은 9.80초이다. _____

(2) 한 손가락에 26개의 플라스틱병을 올리면 세계 기록을 세울 수 있다. _____

**3** 글에서 집에서 세울 수 있는 기네스 기록의 예로 언급되지 <u>않은</u> 것은?

① 두루마리 화장지 많이 쌓기   ② 한 손으로 두루마리 화장지 빨리 풀기

③ 한 손가락 위에 많은 플라스틱병 올리기   ④ 콧바람으로 완두콩 멀리 불기

⑤ 10개의 빵조각에 버터 빨리 바르기

**서술형**

**4** 다음 영영풀이에 해당하는 단어를 글에서 찾아 쓰시오.

> to make something steady so that it does not fall

_____

**Reading Skill** **Summarizing**

**5** 다음 빈칸에 알맞은 단어를 글에서 찾아 쓰시오.

> You can set a world _____ from your _____.
> You can stack toilet paper rolls, blow a pea with a
> _____ breath, or do other activities.

**Vocabulary**

**athlete** 명 운동선수

**set** 동 수립하다, 세우다

**record** 명 기록

**roll** 명 두루마리 동 감다

**toilet paper** 명 화장지

**stack** 동 쌓다

**second** 명 (시간 단위인) 초

**beat** 동 이기다, 때리다

**unroll** 동 풀다 (≠ roll 감다)

**single** 형 단 하나의, 단일의

**balance** 동 균형을 잡다 명 균형

**pea** 명 완두콩

**butter** 동 버터를 바르다

**permission** 명 허락, 허가
v. permit 허락하다

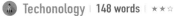 Techonology | 148 words | ★ ★ ☆

Smartphones contain a lot of personal information, pictures, email accounts, and even banking information. So you always need to secure them to keep your information private.

> identity matched
> access granted

Firstly, you can lock your smartphone by using a 4-digit *PIN or a password with numbers or letters. There are also more advanced locks that use fingerprints or irises. Next, use your smartphone's *"do not track" function. It stops advertisers from collecting your data. Do not answer spam calls either. If you do that, your number will be given to other companies.

If you lose your smartphone, use a *recovery app to find it. (a) With this app, you can lock down your device and find its current GPS location. (b) And simply put your name and a contact number on your smartphone. (c) Someone can call you to return your lost smartphone. (d) The person may expect a reward for returning it. (e) Most importantly, be careful not to misplace your smartphone at any time.

*PIN (personal identification number) 개인 식별 번호
*"do not track" function "사이트 간 추적 방지" 기능
*recovery app 스마트폰 찾기 기능 앱

---

 심 구문 분석 _____

3행 ▶ You / always need to secure / them / to **keep** / your information / **private**.
　　　당신은 / 　항상 안전하게 지킬 필요가 있다 / 　그것들을 / 유지하기 위해서 / 당신의 정보를 / 　비공개로

〈keep + 목적어 + 형용사〉는 '~을 …하게 유지하다'라는 뜻으로 목적격보어에 형용사가 온다.

24

**1** 글에서 스마트폰을 안전하게 지키는 방법으로 언급되지 <u>않은</u> 것은?

① PIN이나 지문 등으로 스마트폰 잠그기
② 스팸 전화 받지 않기
③ 스마트폰에 개인적인 정보 넣지 않기
④ 사이트 간 추적 방지 기능 사용하기
⑤ 스마트폰 찾기 기능 앱 사용하기

**2** 글의 (a)~(e) 중, 전체 흐름과 관계 <u>없는</u> 문장은?

① (a)　　　② (b)　　　③ (c)　　　④ (d)　　　⑤ (e)

Reading Skill　　Summarizing

**3** 다음 글의 내용을 한 문장으로 요약하고자 한다. 빈칸에 들어갈 말로 알맞은 것은?

> Your smartphone has your _____ information, and there are several things you can do to _____ it.

① public – lock
② personal – protect
③ private – misplace
④ contact – answer
⑤ banking – return

서술형

**4** 글의 내용과 일치하도록 다음 질문에 답하시오.

Q: What happens when you answer spam calls?
A: Your number _____.

**V**ocabulary

**account** 명 계정, 계좌
**secure** 동 안전하게 지키다
**private** 형 사적인, 비공개의
**lock** 동 잠그다 (= lock down) 명 잠금장치
**password** 명 비밀번호, 암호
**advanced** 형 진보된
**fingerprint** 명 지문
**iris** 명 (안구의) 홍채
**function** 명 기능
**collect** 동 수집하다
**device** 명 기기, 장치
**current** 형 현재의, 지금의
**location** 명 장소, 위치
**contact number** 연락처
**return** 동 돌려주다, 돌아오다 명 돌려줌
**misplace** 동 잘못 두다
**at any time** 언제라도, 언제든지

Culture | 150 words | ★ ★ ★

Hiram Bingham was an explorer from Yale University. In 1911, he visited the Andes Mountains in Peru. There, he discovered the ancient ruins of Machu Picchu.

Bingham made several trips to Machu Picchu and collected thousands of artifacts. They included ceramics, tools, jewelry, and human bones. Then, he took them to Yale in the United States. Before (a) doing that, he made an agreement with Peru's government. It stated that he could take items to study them. But Yale had to return them when Peru asked for them back.

However, when Peru requested ⓐ the artifacts, Yale refused to send ⓑ them back. The school claimed that it owned ⓒ the items despite the agreement between Bingham and Peru's government. This began a long legal battle between Peru and Yale. In 2010, ⓓ the two sides came to an agreement. Finally, ⓔ the collection of antiquities from Machu Picchu could return home after nearly 100 years.

---

**서술형 핵심 문법**

9행 ▶ **주절과 종속절의 시제 일치:** 주절과 종속절이 같은 시점일 경우 주절의 시제가 과거이면 종속절에도 과거시제를 쓴다. 단 현재의 반복되는 습관이나, 보편적인 사실, 불변의 진리의 경우에는 종속절에 현재시제를 쓴다.
It **stated** that he **could** take the items to study them.
그것은 그가 그 물품들을 연구하기 위해서 가져갈 수 있다고 명시했다.

✍ 다음 문장을 어법에 맞도록 바르게 고쳐 쓰시오.
I thought that he will come back soon. 나는 그가 곧 돌아올 것으로 생각했다.

---

**1** What is the best title for the passage?

① The Ancient Ruins of Machu Picchu
② Hiram Bingham, a Great Explorer
③ The Value of the Machu Picchu Artifacts
④ The Discovery of Hiram Bingham
⑤ The Return of the Machu Piccu Artifacts

**2** Hiram Bingham에 관한 글의 내용과 일치하지 <u>않는</u> 것은?

① 예일 대학교 소속의 탐험가였다.
② 마추픽추 고대 유적지를 발견했다.
③ 1911년 이후 페루의 마추픽추를 여러 번 방문했다.
④ 마추픽추 유물을 전시 목적으로 반출했다.
⑤ 페루 정부와 유물 반출에 관한 협정을 맺었다.

**3** 글의 밑줄 친 ⓐ~ⓔ 중, 가리키는 대상이 나머지 넷과 다른 것은?

① ⓐ      ② ⓑ      ③ ⓒ      ④ ⓓ      ⑤ ⓔ

**4** `서술형`
글의 밑줄 친 (a) <u>doing that</u>이 의미하는 내용을 우리말로 쓰시오.

_____

`Reading Skill` `Summarizing`

**5** 다음 빈칸에 알맞은 단어를 글에서 찾아 쓰시오.

> Hiram Bingham made an _____ with Peru to take some Machu Piccu _____ to Yale University. Yale refused to return them, so a legal _____ started. Finally, the artifacts were returned to Peru.

**Vocabulary**

**discover** 통 발견하다
**ruins** 명 유적, 잔해
**trip** 명 (짧은) 여행, 방문, 이동
**artifact** 명 유물, 인공물
**ceramic** 명 도자기
**jewelry** 명 보석류
**make an agreement with** ~와 협정을 맺다
**state** 통 말하다, 명시하다
**request** 통 요청하다, 요구하다
**refuse** 통 거부하다
**own** 통 소유하다
**battle** 명 싸움, 대결
**collection** 명 수집품
**antiquities** 명 유물, 골동품

CHAPTER 02 | 27

**1** 다음 영영풀이가 가리키는 단어로 알맞은 것은?

> to say you will not do something somebody asked you to do

① block  ② collect  ③ misplace
④ secure  ⑤ refuse

**2** 다음 짝지어진 두 단어의 관계가 나머지 넷과 다른 것은?

① roll : unroll  ② beat : lose
③ weak : strong  ④ block : stop
⑤ refuse : allow

**3** 다음 중 영어 표현과 우리말 뜻이 잘못 연결된 것은?

① play a role: 역할을 하다
② escape from: ~에서 출발하다
③ be made up of: ~로 구성되다
④ at any time: 언제라도, 언제든지
⑤ make an agreement with: ~와 협정을 맺다

**4** 다음 빈칸에 들어갈 말이 바르게 짝지어진 것은?

> · I believed you _____ a world record.
> · I learned the Earth _____ around the sun.

① set – go  ② sets – goes
③ could set – goes  ④ set – would go
⑤ can set – goes

서술형
**5** 다음 두 문장을 한 문장으로 표현할 때 빈칸에 알맞은 말을 쓰시오.

> It started to rain yesterday. It is still raining now.
> → It _____ rainy since yesterday.

**6** 다음 중 어법상 어색한 것은?

① How many artifacts did he collect?
② She has lived in Seoul for 10 years.
③ He said that he could beat the record.
④ This function keeps your smartphone safe.
⑤ I thought that he will request more information.

서술형
**7** 다음 우리말과 같은 뜻이 되도록 주어진 단어를 이용해 영작하시오.

> 이 기기는 당신의 몸을 편안하게 유지해준다.

(comfortable)

_____

**8** 다음 밑줄 친 부분의 쓰임이 나머지 넷과 다른 것은?

① I have never been to New York.
② She has visited Korea once.
③ How long have you stayed in the hotel?
④ I have seen the movie before.
⑤ Have you ever heard the rumor before?

서술형
**9** 다음 우리말과 같은 뜻이 되도록 주어진 말을 바르게 배열하시오.

> 당신은 얼마나 오랫동안 한 발로 균형을 잡을 수 있나요?

(can, on, how, you, balance, one leg, long)

_____

[10-12] 다음 글을 읽고 물음에 답하시오.

In recent years, people in Europe, Asia, and North America have suffered from severe cold weather. This freezing cold has killed many people. What has made the weather change?

Some scientist suggested that ⓐ the Arctic plays a role. The Arctic is the northernmost area on the Earth. The weather ⓑ there is cold and snowy most of the year. However, the Arctic is not as cold as ⓒ it used to be. ⓓ It is quickly becoming warmer. The warmer weather is causing the jet stream to become weaker. The jet stream is made up of strong winds blowing from west to east. ⓔ It normally blocks the cold Arctic air from going south.

(A) As a result, they are making winters in parts of Europe, Asia, and North America much colder than normal. (B) However, the jet stream is not strong anymore. (C) So cold Arctic winds are escaping from the Arctic and moving to southern areas.

**10** 글의 밑줄 친 ⓐ~ⓔ 중, 가리키는 대상이 나머지 넷과 다른 것은?

① ⓐ  ② ⓑ  ③ ⓒ  ④ ⓓ  ⑤ ⓔ

**11** (A)~(C)를 글의 흐름에 알맞게 배열한 것은?

① (B) – (C) – (A)  ② (B) – (A) – (C)
③ (A) – (B) – (C)  ④ (C) – (A) – (B)
⑤ (A) – (C) – (B)

서술형
**12** 제트 기류의 역할을 글에서 찾아 우리말로 쓰시오.

_____

[13-15] 다음 글을 읽고 물음에 답하시오.

Hiram Bingham was an explorer from Yale University. In 1911, he visited the Andes Mountains in Peru. There, he discovered the ancient ruins of Machu Picchu.

Bingham made several trips to Machu Picchu and collected thousands of artifacts. ① They included ceramics, tools, jewelry, and human bones. ② Then, he took ⓐ them to Yale in the United States. ③ It stated that he could take the items to study them. ④ But Yale had to return them when Peru asked for them back. ⑤

However, when Peru requested the artifacts, Yale refused to send them back. The school claimed it owned the items despite the agreement between Bingham and Peru's government. This began a long legal battle between Peru and Yale. In 2010, the two sides came to an agreement.

**13** 글에서 마추픽추 유물의 종류로 언급되지 않은 것은?

① 도자기  ② 도구  ③ 보석류
④ 미술품  ⑤ 사람의 뼈

**14** 다음 문장이 들어갈 위치로 가장 알맞은 곳은?

Before doing that, he made an agreement with Peru's government.

①  ②  ③  ④  ⑤

서술형
**15** 글의 밑줄 친 ⓐ them이 가리키는 것을 찾아 쓰시오.

_____

# Understanding Feelings

심경·분위기 파악

## Reading Skill 이해하기

**Understanding Feelings**는 글에서 느껴지는 분위기 또는 등장인물의 심경을 추론하는 리딩 스킬이다. 등장인물이 처한 상황과 감정을 묘사하는 표현을 중심으로 글을 종합적으로 이해한 후 분위기 혹은 심경을 추론해야 한다.

### 지시문 유형

▸ 글에 드러난 ○○의 심경으로 가장 알맞은 것은?
▸ 글에 드러난 'I'의 심경 변화로 가장 알맞은 것은?
▸ 글의 상황에 나타난 분위기로 가장 알맞은 것은?

### 문제 해결 Tips

▸ 등장인물이 처한 상황을 파악하고 감정이나 행동을 묘사하는 어휘나 표현에 주목한다.
▸ 글의 상황이나 배경을 유추할 수 있는 핵심어를 통해 글의 전반적인 분위기를 파악한다.
▸ 선택지에 자주 등장하는 심경이나 분위기를 나타내는 단어들을 알아둔다.

### 내신 실전 적용 독해

**글에 드러난 'I'의 심경 변화로 가장 알맞은 것은?**

When the boat tour started, I was really bored. I only saw typical plants and some rocks. The weather was also hot and humid, so I did not enjoy anything at all. However, when the boat moved into the canal, one person shouted, "Look at the jungle." Everything was totally different. As we sailed along the canal, we saw impressive trees rising high in the sky. There were also jungle animals like colorful birds, monkeys, and snakes. "This is incredible," I said out loud.

① worried → relieved
② disappointed → excited
③ joyful → embarrassed
④ upset → hopeful
⑤ interested → bored

📷 Travel | **153 words** | ★☆☆

Our flight to Hawaii was halfway over. I was looking forward to my vacation. Then, the pilot made ⓐ <u>an announcement</u>. He said we were about to fly through a storm. He wanted everyone to put on their seatbelts. Just then, the plane started shaking. We were in the storm. 5

The plane suddenly descended quickly. I felt like I had to vomit. The plane dropped lower and lower. Some passengers screamed. I held on to my seat as the plane continued to fall from the sky. We went lower and lower. I thought we were going to crash.

A moment later, the plane stopped going down. The pilot made 10 another announcement. He said that the storm was over. The plane began going back up. The rest of the flight was calm. When we finally landed at the airport, I breathed a huge sigh of relief. I felt so happy to be on the ground.

---

 심 구문 분석 _____

6행 ▸ The plane / dropped / **lower and lower**.
　　　비행기는 / 　　하강했다 / 　점점 더 낮게
　　〈비교급 + and + 비교급〉은 '점점 더 ~한/하게'라는 뜻이다. 비교급을 만들 때 앞에 more를 쓰는 형용사나 부사는 〈more and more + 형용사/부사〉의 형태를 사용한다.

**1** 글의 주제로 가장 알맞은 것은?

① an exciting trip to Hawaii

② a frightening flight experience

③ the effects of a storm during a flight

④ a survival story from a plane crash

⑤ the role of a pilot in the storm


**2** 다음 중 글의 내용과 일치하지 <u>않는</u> 것은?

① 주인공은 하와이행 비행기를 탔다.

② 조종사는 승객들에게 안전띠를 맬 것을 요청했다.

③ 일부 승객들은 겁에 질려 비명을 질렀다.

④ 주인공은 비행기가 추락할 것으로 생각했다.

⑤ 비행기의 흔들림은 착륙할 때까지 계속되었다.


Reading Skill Understanding Feelings

**3** 글에 드러난 'I'의 심경 변화로 가장 알맞은 것은?

① cautious → comfortable

② disgusted → happy

③ terrified → relieved

④ shocked → satisfied

⑤ worried → confused


서술형

**4** 글의 밑줄 친 ⓐ <u>an announcement</u>의 내용을 우리말로 쓰시오.

_____

**Vocabulary**

**halfway** 🔵 중간에, 가운데쯤에

**be about to** 막 ~하려는 참이다

**put on** ~을 입다(착용하다)

**seatbelt** 🟢 안전띠

**shake** 🟡 흔들리다, 떨리다
(shake – shook – shaken)

**descend** 🟡 내려가다, 하강하다

**vomit** 🟡 토하다

**low** 🔵 아래로, 낮게 🟢 낮은

**hold on to** ~을 꼭 잡다

**moment** 🟢 잠시, 잠깐

**go down** 내려가다

**be over** 끝나다

**calm** 🟢 평온한, 고요한

**a sigh of relief** 안도의 한숨

**huge** 🟢 거대한, 아주 큰

# 10

 Marketing | 150 words | ★☆☆

*Dear Sir/Madam,*

My name is Mark Wilson. I recently stayed at your hotel and had an unpleasant experience.

First, I reserved a double room. But when I arrived, the desk clerk said only single rooms were available. I was supposed to get a room with an ocean view. _____, my room had a view of the city. The room was also not as clean as it should have been.

The people in the room beside mine were very loud, so I could not sleep well. I ordered *room service, but the food tasted terrible and cost too much. On my last day, I asked the front desk employee to call a taxi. But she did not do that, so I was late getting to the airport.

I had a terrible vacation because I stayed at your hotel. I do not want to have a similar experience ever again.

*Mark Wilson*

5

10

15

*room service 룸서비스(호텔에서 객실로 음식을 가져다주는 것)

---

서술형 핵심 문법

7행 ▶ **동등 비교:** 〈as + 형용사/부사 원급 + as〉는 '~만큼 …한/하게'라는 뜻으로 비교하는 두 대상이 비슷하거나 같을 때 쓴다. 두 번째 as 뒤에는 비교 대상으로 명사, 대명사, 구나 절이 올 수 있다.
The room was also not **as clean as** it should have been. 방은 마땅히 그래야 했던 것만큼 청결하지도 않았다.

✍ **다음 문장을 어법에 맞도록 바르게 고쳐 쓰시오.**
This winter will be as colder as last winter. 올겨울은 작년 겨울만큼 추울 것이다.

34

**1** Mark Wilson이 편지를 쓴 목적으로 가장 알맞은 것은?

① 객실 예약을 변경하기 위해서
② 호텔에 관한 정보를 요청하기 위해서
③ 다양한 호텔 서비스를 건의하기 위해서
④ 호텔에서 겪은 불편함에 항의하기 위해서
⑤ 공항에서 호텔로 가는 방법을 문의하기 위해서

**2** 글의 빈칸에 들어갈 말로 가장 알맞은 것은?

① In addition      ② Instead      ③ For example
④ Therefore      ⑤ Otherwise

Reading Skill   Understanding Feelings

**3** 글에 드러난 Mark Wilson의 심경으로 가장 알맞은 것은?

① grateful      ② ashamed      ③ embarrassed
④ interested      ⑤ annoyed

서술형

**4** 다음 영영풀이에 해당하는 단어를 글에서 찾아 쓰시오.

> ready and able to be bought or used

_____

서술형

**5** 다음 빈칸에 알맞은 단어를 글에서 찾아 쓰시오.

Q: What kind of room did Mark Wilson reserve?
A: He reserved _____ with _____.

**V**ocabulary

**unpleasant** 형 불쾌한, 불편한
**experience** 명 경험 통 경험하다
**reserve** 통 예약하다 (= book)
**double room** 명 2인용 방
cf. single room 1인용 방
**desk clerk** (호텔 등의) 접수 담당자
**available** 형 이용할 수 있는
**ocean view** 명 바다가 보이는 전망
**loud** 형 시끄러운
**order** 통 주문하다, 명령하다
**cost** 통 비용이 들다 명 비용
**front desk** 명 안내 데스크
**employee** 명 종업원, 고용인

😊 Humor | **149 words** | ★☆☆

There was once a family of five. Four family members had twisted mouths. Their mouths were twisted in different directions: up, down, left, and right. Only John, the oldest son, had a ⓐ <u>normal</u> mouth.

When John got older, his parents sent him to college. During vacation, he came home and told everyone about college life. When it was time for bed, they needed to blow out the candle.

The father tried to do it, but his mouth was twisted. The mother tried next, but she could not blow it out either. John's younger brother and sister both tried. Because of their twisted mouths, nobody could blow the candle out. Then, John blew as hard as he could. Since his mouth was straight, the candle went out.

John's father looked at his younger children. Then, he said, "Children, now do you understand how important it is to go to college?"

---

🔵 심 구문 분석

12행 ▶ **Since** / his mouth / was straight, / the candle / went out.
　　 ∼ 때문에 / 그의 입은 / 똑발랐다 / 촛불은 / 꺼졌다

since는 시간을 나타내는 접속사로 '∼한 이후로'라는 의미로 쓰이거나, 이유를 나타내는 접속사로 '∼ 때문에'라는 의미로 쓰인다. 이유를 나타내는 경우에는 because로 바꿔 쓸 수 있다.

**1** 글을 읽고 답할 수 <u>없는</u> 질문은?

① How many people were there in the family?

② Why were their mouths twisted?

③ What was the name of the oldest son?

④ Who tried to blow the candle out first?

⑤ Who could blow the candle out?

**2** 글의 내용과 일치하면 T, 그렇지 않으면 F를 쓰시오.

(1) 장남을 제외한 모든 가족의 입은 비뚤어져 있었다. _____

(2) John이 촛불을 가장 세게 불어 촛불을 끌 수 있었다. _____

Reading Skill  Understanding Feelings

**3** 글의 상황에 나타난 분위기로 가장 알맞은 것은?

① mysterious   ② horrible   ③ peaceful

④ humorous   ⑤ gloomy

서술형

**4** 밑줄 친 ⓐ <u>normal</u>과 바꿔 쓸 수 있는 단어를 글에서 찾아 쓰시오.

_____

**V**ocabulary

**once** 🖲 옛날에, (과거) 한때

**member** 🖲 구성원, 회원

**twisted** 🖲 비뚤어진, 뒤틀린

**direction** 🖲 방향, 쪽

**college** 🖲 대학(교), 전문학교

**come home** 집에 오다

**blow out** (불 등을 불어서) 끄다

**hard** 🖲 힘껏, 세게

**straight** 🖲 곧은, 똑바른

**go out** (불꽃 등이) 꺼지다

It is late at night as I leave my friend's house. My home is three blocks away. There is no moon tonight. And the sky is cloudy, so it is darker than normal. There is no one on the street, and everything is quiet. I am alone while I am walking home.

Some horror movies that I have seen come to mind. (a) Horror is my favorite movie genre. (b) I turn the corner and am just one block away from home. (c) Suddenly, I see a man standing between my house and me. (d) I feel like he is staring at me. (e) I take a breath and try to walk normally. But 내 심장은 점점 더 빠르게 뛴다, and my knees start shaking.

He starts walking toward me. As he gets closer, I want to run. But my feet are frozen. The man walks right in front of me. Then, he says my name. I look up and see my father smiling.

---

**서술형 핵심 문법**

7행 ▶ **목적격 관계대명사**: 선행사를 수식하는 형용사절을 이끌며 선행사에 따라 who(m), which, that이 쓰이고 생략할 수 있다. 목적격 관계대명사 뒤에는 〈주어 + 동사〉가 온다.
Some horror movies (**that**) I have seen come to mind. 내가 보았던 몇 편의 공포영화들이 떠오른다.

✍ 우리말과 같은 뜻이 되도록 주어진 말을 바르게 배열하시오.
우리가 본 영화는 공포영화였다. (horror movie / watched / a / which / the movie / was / we)

_____

**1** 다음 중 글의 내용과 일치하지 <u>않는</u> 것은?

① 글쓴이는 늦은 밤까지 친구의 집에 있었다.

② 글쓴이와 친구의 집은 세 블록 떨어져 있다.

③ 구름이 끼어서 평소보다 더 캄캄한 밤이었다.

④ 글쓴이는 친구의 집에서 공포영화를 보았다.

⑤ 글쓴이는 남자가 누구인지 알아채지 못했다.

**2** 글의 (a)~(e) 중, 전체 흐름과 관계 <u>없는</u> 문장은?

① (a)　　　② (b)　　　③ (c)　　　④ (d)　　　⑤ (e)

Reading Skill ﹒ Understanding Feelings

**3** 글에 드러난 'I'의 심경 변화로 가장 알맞은 것은?

① lonely → cheerful

② hopeful → disappointed

③ scared → relieved

④ bored → nervous

⑤ anxious → confused

서술형

**4** 밑줄 친 우리말과 같은 뜻이 되도록 주어진 말을 바르게 배열하시오.

(my, and, faster, heart, beats, faster)

_____

서술형

**5** 글의 내용과 일치하도록 다음 질문에 답하시오.

Q: How did the man know the writer's name?

A: The man is _____ .

**V**ocabulary

**block** 명 (도로로 나누는) 구역, 블록

**away** 부 떨어져, 떨어진 곳에

**quiet** 형 조용한, 고요한 (≠ loud 시끄러운)

**alone** 형 혼자, 홀로

**horror movie** 공포영화

**come to mind** 떠오르다, 생각나다

**corner** 명 모퉁이, 모서리

**stare at** ~을 응시하다

**take a breath** 숨을 쉬다

**beat** 동 (심장이) 뛰다

**toward** 전 ~를 향하여

**freeze** 동 얼다, 얼리다
(freeze - froze - frozen)

**look up** 올려다보다

서술형

**1** 다음 영영풀이가 의미하는 단어를 넣어 문장을 완성하시오.

> being in one direction without bending or curving

Draw a _____ line on the paper.

**2** 다음 빈칸에 들어갈 말로 알맞은 것은?

> calm : quiet = enormous : _____

① available   ② alone   ③ loud
④ huge   ⑤ unpleasant

**3** 다음 중 영어 표현과 우리말 뜻이 <u>잘못</u> 연결된 것은?

① put on: ~을 입다(착용하다)
② come to mind: 마음에 들다
③ a sigh of relief: 안도의 한숨
④ be about to: 막 ~하려던 참이다
⑤ take a breath: 숨을 쉬다

**4** 다음 빈칸에 공통으로 들어갈 말로 알맞은 것은?

> • I didn't go to school _____ I was sick.
> • He has been talented _____ he was young.

① if   ② when   ③ until
④ since   ⑤ because

서술형

**5** 다음 두 문장을 한 문장으로 표현할 때 빈칸에 알맞은 말을 쓰시오.

> I ordered some food. The food tasted great.
> → The food _____ tasted great.

**6** 다음 중 어법상 어색한 것은?

① His car is as faster as your car.
② The room I reserved had an ocean view.
③ Everything will get better and better.
④ Since it rained, the picnic was canceled.
⑤ The hotel is not as quiet as it used to be.

**7** 다음 빈칸에 들어갈 말이 바르게 짝이어진 것은?

> • I watched the movie _____ you recommended.
> • The man _____ I talked to is my uncle.

① which – which   ② that – which
③ who – that   ④ that – what
⑤ which – whom

서술형

**8** 다음 우리말과 같은 뜻이 되도록 주어진 단어를 이용해 영작하시오.

> 그들의 교실은 놀이공원만큼 시끄럽다.

(amusement park)

_____

서술형

**9** 다음 우리말과 같은 뜻이 되도록 주어진 말을 바르게 배열하시오.

> 낮은 점점 더 짧아질 것이다.

(shorter, get, will, the day, shorter, and)

_____

[10-12] 다음 글을 읽고 물음에 답하시오.

Our flight to Hawaii was halfway over. I was looking forward to my vacation. ① Then, the pilot made an announcement. ② He said we were about to fly through a storm. ③ He wanted everyone to put on their seatbelts. ④ We were in the storm. ⑤

The plane suddenly descended quickly. I felt like I had to vomit. The plane ⓐ dropped lower and lower. Some passengers screamed. I held on to my seat as the plane continued to fall from the sky. We went lower and lower. I thought we were going to crash.

A moment later, the plane stopped going down. The pilot made another announcement. He said that the storm was over. The plane began going back up. The rest of the flight was calm. When we finally landed at the airport, I breathed a huge sigh of relief. I felt so _____ to be on the ground.

**10** 다음 문장이 들어갈 위치로 가장 알맞은 곳은?

Just then, the plane started shaking.

①　　　②　　　③　　　④　　　⑤

**11** 글의 빈칸에 들어갈 말로 가장 알맞은 것은?

① sad　　　② upset　　　③ happy
④ angry　　⑤ nervous

서술형
**12** 밑줄 친 ⓐ dropped와 바꿔 쓸 수 있는 단어를 글에서 찾아 쓰시오.

_____

[13-15] 다음 글을 읽고 물음에 답하시오.

My name is Mark Wilson. I recently stayed at your hotel and had ⓐ an unpleasant experience.

First, I reserved a double room. But when I arrived, the desk clerk said only single rooms were available. I was supposed to get a room with an ocean view. Instead, my room had a view of the city. The room was also not as clean as it should have been.

The people in the room beside mine were very loud, so I could not sleep well. I ordered room service, but the food tasted terrible and cost too much. On my last day, I asked the front desk employee to call a taxi. But she did not do that, so I was late getting to the airport.

I had a terrible vacation because I stayed at your hotel. I do not want to have a similar experience ever again.

**13** 글의 밑줄 친 ⓐ an unpleasant experience의 내용에 해당하지 않는 것은?

① 객실 유형　　　　② 객실의 위생 상태
③ 객실 간 소음　　④ 직원의 친절도
⑤ 호텔의 위치

**14** 글에서 룸서비스에 대해 언급된 것은? (2가지)

① 맛　　　　② 양　　　　③ 비용
④ 종류　　　⑤ 소요 시간

서술형
**15** 글쓴이가 공항에 늦게 도착한 이유를 우리말로 쓰시오.

_____

# Connecting Words

연결어 추론

## Reading Skill 이해하기

**Connecting Words**는 글의 빈칸에 들어갈 연결어를 추론하는 리딩 스킬이다. 글의 전체적인 흐름에 맞게 절과 절, 문장과 문장 사이의 논리 관계를 정확하게 파악하여 가장 자연스러운 연결어를 추론해야 한다.

### 지시문 유형

▸ 글의 빈칸에 들어갈 말로 가장 알맞은 것은?

### 문제 해결 Tips

▸ 글 속의 모든 문장은 주제와 요지를 전달하기 위한 논리적인 역할을 갖고 있으므로 각 문장의 논리적 연결에 주의하며 글을 읽어 나간다.
▸ 빈칸 앞뒤의 구조를 토대로 빈칸에 들어갈 연결어의 종류(전치사, 접속사 등)를 파악한다.
▸ 선택지에 자주 등장하는 연결어의 의미와 쓰임(인과 관계: as a result, therefore 등)을 익혀 둔다.

### 내신 실전 적용 독해

**글의 빈칸에 들어갈 말로 가장 알맞은 것은?**

When birds hatch from eggs, they instantly form a bond with their mothers. They use this bond to get information about how to live. This is called imprinting. _____, sometimes the babies' mother is not around. In that case, the babies bond with the first animal or moving thing they see. This could be a dog, a human, or even a toy train. Researchers have also learned that when animals bond with other mothers, they often have a difficult time growing up.

① For example
② In fact
③ However
④ Therefore
⑤ In addition

# 13

🐫 Animals | 155 words | ★ ★ ☆

Cockroaches are some of the most impressive animals on the Earth. They can hold their breath for around forty minutes. They can survive without food for weeks. And they even can live without a head for weeks. How can they stay alive without a head?

It is impossible for humans to live without a head. First, humans need to breathe through their mouth and nose. Humans also use their mouth to eat. Finally, the brain controls many functions in the body. _____ the mouth, nose, and brain are all in the head, humans cannot live without it.

The same is not true for roaches. They do not need their head to breathe. Instead, they breathe through many holes all over their body. Roaches have a simple brain, too. It performs very basic sensory functions, so it is not needed for survival. And roaches are *cold-blooded animals, so they can survive a long time without eating.

*cold-blooded animal 변온동물(주변 온도에 따라 체온이 변하는 동물)

---

핵심 구문 분석

6행  ▸ **It** is impossible / **for humans** / **to live** / without a head.
　　　불가능하다 / 　　사람들이 / 　　사는 것은 / 　머리 없이
　　　가주어 it을 사용할 때 to부정사의 의미상의 주어는 to부정사 앞에 〈for + 목적격〉으로 나타낸다.

**1**  글의 제목으로 가장 알맞은 것은?

① Why Humans Cannot Live without a Head

② The Characteristics of Cold-Blooded Animals

③ Cockroaches' Body Parts and Their Functions

④ How Cockroaches Can Survive without a Head

⑤ The Differences between Cockroaches and Humans

**2**  바퀴벌레에 관한 글의 내용과 일치하지 <u>않는</u> 것은?

① 40분 동안 숨을 참을 수 있다.

② 먹지 않고 수 주 동안 살 수 있다.

③ 머리가 없어도 수 주 동안 살 수 있다.

④ 온몸에 퍼져 있는 숨구멍으로 호흡한다.

⑤ 변온동물이므로 추운 곳에서도 잘 살 수 있다.

Reading Skill   Connecting Words

**3**  글의 빈칸에 들어갈 말로 가장 알맞은 것은?

① If       ② Since       ③ While       ④ Unless       ⑤ Although

서술형

**4**  글의 내용과 일치하도록 다음 질문에 답하시오.

Q: Why is the brain of a cockroach not necessary for survival?

A: Because it _____

Vocabulary

**cockroach** 몡 바퀴벌레 (= roach)

**impressive** 혱 인상적인

**hold one's breath** 숨을 멈추다(참다)

**alive** 혱 살아 있는

**impossible** 혱 불가능한

**control** 됭 제어하다, 지배하다

**hole** 혱 구멍

**brain** 몡 뇌, 머리

**perform** 됭 수행하다, 실시하다

**basic** 혱 기초적인, 기본적인

**sensory** 혱 감각의

**survival** 몡 생존  *v.* survive 생존하다

# 14

Health | 148 words | ★★☆

Have you ever heard of *intermittent fasting? It is an eating pattern that involves periods of fasting and eating. Nowadays, it is a popular health trend.

There are two common ways to do intermittent fasting. The first is to fast for 16 straight hours each day and to eat for 8 hours each day. _____, people may eat between 2 PM and 10 PM but then eat nothing the rest of the day. The second way is to eat nothing all day for 2 days a week but to eat normally the other 5 days a week.

Intermittent fasting has many positive effects on the body. (a) It can help the body repair itself. (b) It also helps the body use stored fat, so people can lose weight. (c) And it protects against diseases like diabetes and cancer. (d) They are the most common diseases today. (e) It also improves the functions of genes and helps people live longer.

*intermittent fasting 간헐적 단식

---

서술형 핵심 문법

5행 ▶ **주격보어 역할을 하는 to부정사:** to부정사가 be동사 뒤에서 주어를 보충 설명하는 주격보어 역할을 하는 명사적 용법으로 쓰인다. 이때 to부정사는 '～하는 것, ～하기'로 해석한다.
The first is **to fast** for 16 straight hours each day and **to eat** for 8 hours each day.
첫 번째는 매일 16시간 동안 내리 금식하고, 8시간 동안 먹는 것이다.

📝 **우리말과 같은 뜻이 되도록 주어진 말을 바르게 배열하시오.**
그의 꿈은 용감한 군인이 되는 것이다. (become / dream / soldier / a / is / his / brave / to)

_____

46

**1** 글의 빈칸에 들어갈 말로 가장 알맞은 것은?

① In short　　　② For instance　　　③ Therefore
④ However　　　⑤ On the other hand

**2** 글에서 간헐적 단식의 효과로 언급되지 <u>않은</u> 것은?

① 몸의 회복
② 체중 감소
③ 다양한 질병 치료
④ 유전자 기능 개선
⑤ 수명 연장

**3** 글의 (a)~(e) 중, 전체 흐름과 관계 <u>없는</u> 문장은?

① (a)　　② (b)　　③ (c)　　④ (d)　　⑤ (e)

서술형
**4** 글에서 간헐적 단식의 방법으로 제시된 2가지를 우리말로 쓰시오.

_____

_____

서술형
**5** 다음 빈칸에 알맞은 단어를 글에서 찾아 쓰시오.

> _____ involves not eating at certain times a day or on certain days each week. It has many good _____ on the body, so it has become a popular _____.

# 15

📅 Place | 152 words | ★ ★ ☆

For your next vacation, how about trying something unique? You should visit Mongolia and enjoy nomadic life with a Mongolian *homestay in a *ger.

Most Mongolians live nomadic lives, so they wander from place to place. They take their homes, called gers, with them when they move. A ger is a typical Mongolian home. It looks like a large, circular tent. It    5
has not changed in appearance in centuries since the thirteenth century.
_____, the Mongol soldiers who were led by Genghis Khan slept in similar gers.

When you do a homestay in a ger, you can experience life like Mongols'. You can see endless grasslands in every direction. You and your    10
host family will be the only people in the area. Animals like sheep and goats roam the plain. You can help your homestay family look after the animals. ⓐ This will truly be a vacation that you will never forget.

*homestay 홈스테이(외국인 가정집에서 지내는 것)   *ger 게르

---

**핵**심 구문 분석 _____

5행 ▸ It  /  **has** not **changed**  /  in appearance  /  in centuries  /  **since** the thirteenth century.
　　　그것은 / 변하지 않았다 / 　　　　외관이 / 　　　수 세기 동안 / 　　　13세기 이후로
　　현재완료(have + 과거분사)의 계속적 용법은 과거에 시작된 일이 현재까지 계속될 때 사용되며 '(계속) ~해오고 있다'라는 뜻
　　이다. 주로 'for + 기간' 또는 'since + 시점'과 함께 쓰인다.

**1** 이 글의 목적으로 가장 알맞은 것은?

① 유목인의 삶을 소개하기 위해서

② 게르의 구조를 설명하기 위해서

③ 게르의 역사적인 가치를 알리기 위해서

④ 몽골에서의 휴가를 제안하기 위해서

⑤ 몽골을 여행하는 방법을 알려주기 위해서


**2** 게르에 관한 글의 내용과 일치하지 <u>않는</u> 것은?

① 몽골의 전통적인 집이다.

② 운반이 가능한 이동식 집이다.

③ 크기가 크고 둥근 모양이다.

④ 수 세기 동안 외관이 거의 변하지 않았다.

⑤ 13세기에 칭기즈칸에 의해 처음 만들어졌다.


Reading Skill   Connecting Words

**3** 글의 빈칸에 들어갈 말로 가장 알맞은 것은?

① In addition

② In fact

③ Instead

④ For instance

⑤ Therefore

### Vocabulary

**nomadic** 형 유목의, 방랑의

**wander** 동 거닐다, 돌아다니다

**typical** 형 전형적인, 대표적인

**circular** 형 원형의, 둥근

**century** 명 100년, 세기

**soldier** 명 군인, 병사

**endless** 형 끝없는, 무한한

**grassland** 명 풀밭, 초원

**goat** 명 염소

**roam** 동 돌아다니다, 방랑하다

**plain** 명 평원, 평지

**look after** ~을 돌보다

**truly** 부 정말로, 진정으로

**forget** 동 잊다, 잊어버리다
(forget - forgot - forgotten)


서술형

**4** 글의 밑줄 친 ⓐ <u>This</u>가 의미하는 내용을 우리말로 쓰시오.

_____

# 16

Nikola Tesla and Thomas Edison were among the greatest inventors in history. Their inventions changed history. _____, they disliked each other and had a great rivalry.

Tesla was a genius and began working for a phone company. Later, Edison hired ⓐ him at his company. Edison liked Tesla's ideas but thought ⓑ they were unrealistic. Their lifestyles were quite different, too. Neither Tesla nor Edison liked the other's lifestyle. They also had different work methods. Tesla worked out his ideas in his head while Edison constantly experimented.

But those were not the main reasons for their rivalry. Both Tesla and Edison worked with electricity. Tesla wanted to use *alternating current (AC) technology to transmit electricity. Edison preferred *direct current (DC) technology. Eventually, Tesla's AC method was shown to be the better one. Their battle became known as the War of Currents and caused the two men to dislike each other until they died.

*alternating current 교류(일정한 시간마다 주기적으로 흐름의 방향이 바뀌는 전류)
*direct current 직류(크기와 방향이 시간에 따라 변하지 않고 늘 일정한 전류)

---

**서술형 핵심 문법**

8·11행 ▶ **상관 접속사:** 둘 이상의 단어가 짝을 이루어 쓰이는 접속사로 both A and B(A와 B 둘 다), neither A nor B(A도 B도 아닌) 등이 있다. both A and B는 뒤에 복수 동사가 오고, neither A nor B는 B에 동사의 수를 일치시킨다.
**Neither** Tesla **nor** Edison liked the other's lifestyle. Tesla도 Edison도 상대방의 생활 방식을 좋아하지 않았다.
**Both** Tesla **and** Edison worked with electricity. Tesla와 Edison 두 사람 모두 전기를 가지고 일했다.

✐ 다음 문장을 어법에 맞도록 바르게 고쳐 쓰시오.
Both Tom and his brother enjoys playing soccer. Tom과 그의 남동생 둘 다 축구 경기하는 것을 즐긴다.

---

**1** 글의 내용과 일치하면 T, 그렇지 않으면 F를 쓰시오.

(1) Tesla preferred to work out his ideas with experiments. _____

(2) There are two ways to transmit electricity: DC and AC. _____

Reading Skill   Connecting Words

**2** 글의 빈칸에 들어갈 말로 가장 알맞은 것은?

① In addition          ② However          ③ Instead
④ In other words       ⑤ As a result

**3** 글을 읽고 답할 수 <u>없는</u> 질문은?

① What kind of company did Tesla begin to work for?

② What did Edison think about Tesla's ideas?

③ What kind of lifestyle did Tesla lead?

④ How was Edison's working style?

⑤ What was the War of Currents?

서술형

**4** 다음 영영풀이에 해당하는 단어를 글에서 찾아 쓰시오.

a state in which two people are competing for the same thing

_____

서술형

**5** 글의 밑줄 친 ⓐ와 ⓑ가 가리키는 것을 찾아 쓰시오.

ⓐ _____          ⓑ _____

**V**ocabulary

**inventor** 몡 발명가

**invention** 몡 발명, 발명품
v. invent 발명하다

**rivalry** 몡 경쟁, 경쟁의식

**genius** 몡 천재

**unrealistic** 혱 비현실적인

**lifestyle** 몡 생활 방식

**method** 몡 방법

**work out** ~을 해결하다, ~을 생각해내다

**constantly** 凫 끊임없이

**electricity** 몡 전기, 전력

**transmit** 동 전송하다

**eventually** 凫 결국

**known as** ~으로 알려진

**1** 다음 영영풀이가 가리키는 단어로 알맞은 것은?

> to walk around without a specific purpose or direction

① control　　② wander　　③ involve
④ perform　　⑤ transmit

**2** 다음 짝지어진 두 단어의 관계가 나머지 넷과 다른 것은?

① effect : cause　　　② alive : dead
③ typical : rare　　　④ repair : heal
⑤ impossible : possible

**3** 다음 중 영어 표현과 우리말 뜻이 잘못 연결된 것은?

① look after: ~을 응시하다
② known as: ~으로 알려진
③ hold one's breath: 숨을 멈추다
④ lose weight: 체중을 감량하다
⑤ work out: ~을 해결하다

**4** 다음 두 문장의 의미가 같도록 빈칸에 알맞은 말을 쓰시오.

> Kate was late for school. Sam was late for school, too.
> = _____ Kate _____ Sam _____ late for school.

**5** 다음 빈칸에 알맞은 말을 쓰시오.

> • _____ I met Tom, we have been good friends.
> • We have performed this experiment _____ 3 hours.

**6** 다음 중 어법상 어색한 것은?

① Neither Jane nor her brother has curly hair.
② It is strange for him to forget my name.
③ This trend has been popular for last year.
④ The important thing is to stay healthy.
⑤ I have known him since I was young.

**7** 다음 밑줄 친 부분의 쓰임이 나머지 넷과 다른 것은?

① His plan is to go fishing this weekend.
② Her job is to teach English to children.
③ The best way is to search on the Internet.
④ My dream is to become an inventor.
⑤ She exercises every day to lose weight.

**8** 다음 문장을 어법에 맞도록 바르게 고쳐 쓰시오.

> Neither my sister nor I forgets our promises.

_____

**9** 다음 우리말과 같은 뜻이 되도록 주어진 말을 바르게 배열하시오.

> 내가 한 주 동안 금식하는 것은 불가능하다.

(one week, for, it, fast, impossible, is, me, to)

_____

Have you ever heard of intermittent fasting? It is an eating pattern that involves periods of fasting and eating. Nowadays, it is a popular health trend.

There are two common ways to do intermittent fasting. The first is to fast for 16 straight hours each day and to eat for 8 hours each day. For instance, people may eat between 2 PM and 10 PM but then (a) eat nothing the rest of the day. The second way is to eat nothing all day for 2 days a week but to eat normally the other 5 days a week.

ⓐ Intermittent fasting has many positive effects on the body. ⓑ It can help the body repair ⓒ itself. It also helps the body use stored fat, so people can lose weight. And ⓓ it protects against diseases like diabetes and cancer. ⓔ It also improves the functions of genes and helps people live longer.

**10** 글의 밑줄 친 ⓐ~ⓔ 중, 가리키는 대상이 나머지 넷과 다른 것은?

① ⓐ　　② ⓑ　　③ ⓒ　　④ ⓓ　　⑤ ⓔ

서술형

**11** 밑줄 친 (a) eat nothing과 바꿔 쓸 수 있는 단어를 글에서 찾아 쓰시오. (1단어)

_____

서술형

**12** 간헐적 단식이 체중 감량에 도움이 되는 이유를 글에서 찾아 우리말로 쓰시오.

_____

Tesla was a genius and began working for a phone company. Later, Edison hired him at his company. Edison liked Tesla's ideas but thought they were unrealistic. Their lifestyles were quite different, too. Neither Tesla nor Edison liked the other's lifestyle. They also had ⓐ different work methods. Tesla worked out his ideas in his head while Edison constantly experimented.

① Both Tesla and Edison worked with electricity. ② Tesla wanted to use alternating current (AC) technology to transmit electricity. ③ Edison preferred direct current (DC) technology. ④ Eventually, Tesla's AC method was shown to be the better one. ⑤ Their battle became known as the War of Currents and caused the two men to dislike each other until they died.

**13** Tesla에 관한 글의 내용과 일치하지 않는 것은?

① 천재로 평가되었다.

② 전화 회사에서 일한 적이 있다.

③ Edison의 회사에서 근무한 적이 있다.

④ 전기를 전송하는 방법으로 교류 방식을 선호했다.

⑤ Edison의 아이디어를 비현실적이라고 여겼다.

**14** 다음 문장이 들어갈 위치로 가장 알맞은 곳은?

But those were not the main reasons for their rivalry.

①　　　②　　　③　　　④　　　⑤

서술형

**15** 글의 밑줄 친 ⓐ different work methods가 의미하는 내용을 우리말로 쓰시오.

_____

# Author's Purpose
글의 목적 파악

## Reading Skill 이해하기

**Author's Purpose**는 주로 편지나 광고와 같은 실용문에서 그 글이 어떤 의도와 목적으로 쓰였는가를 파악하는 리딩 스킬이다. 글의 형식과 사용된 어휘 및 전체적인 맥락에 근거하여 글의 목적을 파악해야 한다.

### 지시문 유형

▸ 이 글의 목적으로 가장 알맞은 것은?

▸ What is the purpose of the passage?

### 문제 해결 Tips

▸ 글의 형식(편지, 광고문, 안내문 등)과 누가 누구를 상대로 쓴 글인지 파악한다.

▸ 글의 첫 부분과 마지막 부분에 글의 목적이 제시되는 경우가 많다.

▸ 글의 목적에 부합하는 어휘나 표현들을 파악한다.

### 내신 실전 적용 독해

**이 글의 목적으로 가장 알맞은 것은?**

*Dear Joe,*

Hi. It's your grandfather. It was great to see you last weekend. Unfortunately, you seemed to be negative about everything. Why don't you try thinking more positively? For example, you should stop thinking, "I can't do that." Instead, think, "I can do it." And don't use so many negative expressions when you speak. Negative expressions are putting you in a bad mood and making you depressed. However, if you think positively, you'll be happier. Then, your life will be much easier. Please try to change the way you think. You will become happier then. Good luck.

*Grandpa*

① 우울한 손자를 위로하려고　　　　② 손자의 앞날에 행운을 빌어주려고

③ 긍정적인 사고의 중요성을 알려주려고　　④ 지난 주말의 방문에 고마움을 표시하려고

⑤ 손자의 부정적인 태도의 이유를 물으려고

Health | 162 words | ★ ★ ☆

Have you ever heard the expression "laughter is the best medicine"? Maybe you thought it was just a saying. But laughter can actually benefit your mind and body.

Studies show that laughter has positive psychological effects. _____, it makes people happy and gets rid of depression. It helps relieve anxiety and improves moods, too. These benefits make sense, but, curiously, there are also physical benefits of laughing. Studies show that laughter appears to reduce physical pain. This may happen because of the way the body reacts when we laugh. When we laugh, our muscles move. This makes the pulse and blood pressure rise while increasing the flow of blood. We breathe faster, which increases the level of oxygen in the blood. This improves the condition of the body.

Most doctors agree that laughing makes people happier and improves their physical bodies. So the next time you feel sick, start laughing. You will become happier, and it will also make you healthier.

5

10

15

**핵**심 구문 분석 _____

12행 ▸ We / breathe faster, / **which** / increases / the level of oxygen / in the blood.
우리는 / 더 빨리 호흡한다 / 그리고 그것이 / 증가시킨다 / 산소의 수치를 / 혈액 내의

선행사에 대한 설명을 덧붙일 때 관계대명사 앞에 콤마(,)를 쓰는 관계대명사의 계속적 용법을 사용하는데, 이때 관계대명사는 〈접속사 + 대명사〉의 의미이다. 관계대명사 that은 계속적 용법으로 쓰지 않는다.

**1** What is the purpose of the passage?

① to inform          ② to request          ③ to complain

④ to advertise       ⑤ to appreciate

**2** 다음 중 글의 내용과 일치하지 <u>않는</u> 것은?

① 웃음은 우울함을 제거하는 데 도움이 된다.

② 웃음은 사람들의 불안감을 완화시켜준다.

③ 웃음은 정신과 신체에 긍정적인 영향을 준다.

④ 웃을 때 근육이 움직이게 되어 혈중 산소량을 증가시킨다.

⑤ 대부분의 의사는 웃음의 심리적 효과만을 인정한다.

**3** 글의 빈칸에 들어갈 말로 가장 알맞은 것은?

① Instead          ② For example          ③ In addition

④ As a result      ⑤ In other words

ocabulary

**서술형**

**4** 다음 빈칸에 알맞은 단어를 글에서 찾아 쓰시오.

> According to studies, _____ has both
> _____ and physical benefits. It can make
> people happy and also reduce physical _____.

**laughter** 명 웃음, 웃기 v. laugh 웃다

**saying** 명 속담, 격언

**benefit** 동 유익하다 명 이득, 혜택

**mind** 명 마음, 정신

**psychological**
형 정신(심리)의, 정신(심리)적인

**depression** 명 우울함, 우울증

**relieve** 동 완화하다, 없애 주다
n. relief 안심, 경감

**anxiety** 명 불안감, 걱정

**mood** 명 기분, 분위기

**curiously** 부 이상하게도, 흥미롭게도

**pain** 명 통증, 고통

**react** 동 반응하다 n. reaction 반응

**muscle** 명 근육

**pulse** 명 맥박, 맥

**blood pressure** 혈압

**condition** 명 상태, 건강 상태

For years, people have criticized video games for making children more antisocial, overweight, or depressed. However, research has shown that ⓐ they can actually improve children's minds and bodies.

First, video games can improve children's physical skills. Preschool children who play sports video games can develop their motor skills. Studies show that these children can kick, catch, and throw balls better than children who play no video games. Their vision also improves, so they can tell the difference between shades of gray quickly.

Video games can also improve children's brain functions. Children who play action games make decisions 25% faster than others. ⓑ They can also pay attention to more than six things at once and not get confused. Finally, video games can help with psychological problems. Depressed children often become happier after playing video games.

In short, video games can actually change children for the better. So we need to use the benefits of playing video games for children.

---

**서술형 핵심 문법**

4행 ▶ **주격 관계대명사:** 주격 관계대명사는 관계대명사가 이끄는 문장 안에서 주어 역할을 하여 뒤에 동사가 온다. 주격 관계대명사는 선행사를 수식하는 형용사절을 이끄는데 선행사에 따라 who, which, that이 쓰인다.
Preschool children **who** play sports video games can develop their motor skills.
스포츠 비디오 게임을 하는 미취학 아동들은 그들의 운동 기능을 발달시킬 수 있다.

✍ 우리말과 같은 뜻이 되도록 주어진 말을 바르게 배열하시오.
곰은 겨울 동안에 잠을 자는 동물이다. (animals / the winter / are / which / bears / during / sleep)

1   What is the passage mainly about?

① why people criticize video games

② video games' advantages and disadvantages

③ the negative effects of playing video games

④ how playing video games can help children

⑤ the relationship between video games and brain functions

Reading Skill   Author's Purpose

2   이 글의 목적으로 가장 알맞은 것은?

① 비디오 게임에 대한 사회적 통념을 설명하려고

② 비디오 게임의 긍정적인 효과를 알려주려고

③ 비디오 게임을 학습에 활용하는 방법을 소개하려고

④ 비디오 게임의 효과에 관한 연구 결과에 이의를 제기하려고

⑤ 비디오 게임의 긍정적인 효과와 부정적인 효과를 비교하려고

3   글에서 비디오 게임이 아이들에게 미치는 긍정적 영향으로 언급되지 <u>않은</u> 것은?

① 운동 기능 향상          ② 시력 향상          ③ 신속한 결정력

④ 집중력 향상          ⑤ 자신감 상승

서술형

4   글의 밑줄 친 ⓐ와 ⓑ가 가리키는 것을 찾아 쓰시오.

ⓐ _____          ⓑ _____

서술형

5   글의 내용과 일치하도록 다음 질문에 답하시오.

Q: What is one positive psychological effect of playing video games?

A: _____ after playing video games.

### Vocabulary

**criticize** 통 비판하다, 비난하다

**antisocial** 형 반사회적인, 비사교적인

**overweight** 형 과체중의, 비만의

**depressed** 형 우울한, 의기소침한

**preschool** 형 취학 전의

**motor skill** 운동 기능

**kick** 통 발로 차다

**tell** 통 말하다, 구별하다

**shade** 명 음영, 미묘한 차이

**pay attention to** ~에 집중하다

**at once** 동시에, 한 번에

**for the better** 보다 나은 쪽으로

# 19

Do you know about dreamcatchers? They are shaped like a hoop and have a web in the middle. Feathers, beads, shells, and other objects decorate them. They hang above beds and on walls. People mostly use them for decoration today, but ⓐ their original purpose was very different. 5

For centuries, *Native American tribes have used dreamcatchers. Nobody knows why they started to use dreamcatchers. But there are some stories about their origins. According to one story, a chief's child became sick with a fever that caused him terrible nightmares. A *medicine woman made a dreamcatcher by copying the pattern of a spider web. Instead of 10 catching flies, it caught bad dreams. The good dreams passed through the web. But the bad dreams got caught. The next morning, the sun came up and burned the bad dreams.

In the past, people gave dreamcatchers to children. The children hung them over their beds to prevent bad dreams. If you have nightmares, how 15 about hanging one above your bed?

*Native American tribe 미국 원주민 부족
*medicine woman (미국 원주민의) 병을 고치는 여자 주술사

---

**핵심 구문 분석** _____

3행 ▸ They / hang / **above** beds / and / **on** walls.
그것들은 / 걸려있다 / 침대 위에 / 그리고 / 벽 위에

위치를 나타내는 전치사 중에 above와 on은 둘 다 '~ 위에'라는 뜻이지만, 표면에 접촉한 상태로 위에 있는 경우에는 on을 표면과 떨어져서 위에 있는 경우에는 above를 사용한다.

**1** 글의 내용과 일치하면 T, 그렇지 않으면 F를 쓰시오.

(1) Various decorations are added to dreamcatchers. _____

(2) People gave children dreamcatchers to catch flies. _____

**2** Reading Skill  Author's Purpose

이 글의 목적으로 가장 알맞은 것은?

① 새로운 인테리어 상품을 홍보하려고

② 드림캐처의 유래를 알려주려고

③ 미국 원주민의 삶을 소개하려고

④ 드림캐처의 모양과 용도를 설명하려고

⑤ 드림캐처를 만드는 방법을 알려주려고

**3** 글을 읽고 dreamcatchers에 관해 답할 수 없는 질문은?

① What do dreamcatchers look like?

② How can you decorate dreamcatchers?

③ Where do people hang dreamcatchers?

④ How do people use dreamcatchers today?

⑤ When did people start to use dreamcatchers?

**4** 서술형

글의 밑줄 친 ⓐ their original purpose가 의미하는 내용을 우리말로 쓰시오.

_____

**V**ocabulary

**dreamcatcher** 명 드림캐처

**hoop** 명 고리, (둥근) 테

**feather** 명 (새의) 털, 깃털

**bead** 명 구슬

**shell** 명 껍질, 조개껍데기

**decorate** 동 장식하다
*n.* decoration 장식품, 장식

**hang** 동 걸다, 매달다
(hang – hung – hung)

**mostly** 부 주로, 일반적으로

**purpose** 명 목적, 용도

**origin** 명 기원, 유래 *adj.* original 원래의

**chief** 명 우두머리, 추장

**fever** 명 열, 열병

**nightmare** 명 악몽

**copy** 동 복사하다, 모방하다

**pass through** ~을 통과하다

Think about your last trip to the supermarket. Maybe you bought some fruit, water, and meat packaged in plastic. You also packed everything in a plastic bag, right?

Plastic is very convenient and makes our lives easier. ① But it is bad for the environment. ② Most people throw plastic bags and containers away after using them. ③ In fact, around 50% of plastic products are used once before being thrown away. ④ These plastic products go to the nearest landfill and then stick around for a long time. ⑤ However, plastic takes hundreds or thousands of years to break down. This means plastic reduces space in landfills and pollutes the environment.

So what can we do? We should reduce the amount of plastic we use. Take a cloth bag with you when you go shopping. Drink tap water instead of bottled water. There are many other ways to reduce the amount of plastic we use. Can you think of some?

---

**서술형 핵심 문법**

6행 ▶ **분사구문:** 부사절의 주어가 주절과 같은 경우 부사절의 접속사와 주어를 생략하고 동사원형에 '-ing'를 붙여 현재분사로 시작한다. before, after와 같이 시간의 선후를 나타내는 경우나 접속사의 의미를 명확히 하고자 할 때는 접속사를 생략하지 않는다.

Most people throw plastic bags and containers away **after they use** them.

→ Most people throw plastic bags and containers away **after using** them.
대부분의 사람들은 비닐봉지나 플라스틱 용기를 사용한 후 그것들을 버린다.

✎ 우리말과 같은 뜻이 되도록 주어진 문장을 분사구문을 사용하여 다시 쓰시오.

After I did my homework, I watched TV. 나는 숙제를 끝낸 후에 TV를 보았다.

---

**1** What is the best title for the passage?

① How Useful Plastic Is in Everyday Life
② The Amount of Plastic People Use
③ Why We Should Use Less Plastic
④ Things That Pollute the Environment
⑤ What Happens to the Plastic You Throw Away

Reading Skill   Author's Purpose

**2** What is the purpose of the passage?

① 플라스틱의 재사용률 통계를 알려주려고
② 플라스틱 제품의 편리함을 홍보하려고
③ 폐플라스틱 처리 방법을 설명하려고
④ 플라스틱 사용 자제를 권고하려고
⑤ 플라스틱 재활용을 위한 아이디어를 공모하려고

**3** 다음 문장이 들어갈 위치로 가장 알맞은 곳은?

| Paper and other natural materials break down fairly quickly. |
| --- |

①            ②            ③            ④            ⑤

**서술형**

**4** 다음 영영풀이에 해당하는 단어를 글에서 찾아 쓰시오.

| useful, easy to do, or not causing problems or difficulties |
| --- |

_____

**서술형**

**5** 플라스틱 사용을 줄이는 방법으로 제시된 것 2가지를 우리말로 쓰시오.

_____

## Vocabulary

**packaged** 형 포장된

**pack** 동 포장하다, 싸다

**plastic bag** 비닐봉지

**convenient** 형 편리한, 간편한

**throw away** 버리다

**landfill** 명 쓰레기 매립지

**stick around** 머무르다

**natural** 형 천연의, 자연의

**fairly** 부 상당히, 꽤

**space** 명 공간, 자리

**pollute** 동 오염시키다

**amount** 명 양, 총액

**cloth** 명 천, 옷감

**tap water** 명 수돗물

**bottled water** 명 병에 든 물

**서술형**

**1** 다음 영영풀이가 의미하는 단어를 넣어 문장을 완성하시오.

> to put ornaments on something to make it look better

People _____ trees and sing Christmas carols on Christmas.

**2** 다음 빈칸에 들어갈 말로 알맞은 것은?

> copy : create = praise : _____

① react     ② hang     ③ relieve
④ pack     ⑤ criticize

**3** 다음 중 영어 표현과 우리말 뜻이 잘못 연결된 것은?

① at once: 옛날에
② throw away: 버리다
③ stick around: 머무르다
④ pass through: ~을 통과하다
⑤ pay attention to: ~에 집중하다

**4** 다음 빈칸에 들어갈 말이 바르게 짝지어진 것은?

> • Look at the bridge _____ the river.
> • Plastic bottles are floating _____ the water.

① on – on     ② on – above
③ above – on     ④ above – above
⑤ on – X

**서술형**

**5** 다음 두 문장의 의미가 같도록 빈칸에 알맞은 말을 쓰시오.

> If you laugh loudly, you will become healthy.
> = _____ _____, you will become healthy.

**6** 다음 중 어법상 어색한 것은?

① There are some plastic bags on the ground.
② Let's hang the mobile above the baby's bed.
③ I had a nightmare, which made me cry.
④ I know the person which copied your work.
⑤ Decorating her room, she broke the vase.

**7** 다음 밑줄 친 부분의 쓰임이 나머지 넷과 다른 것은?

① Don't hate the person that criticizes you.
② Plastic bags that we use pollute the environment.
③ I have a friend that likes playing video games.
④ People that are overweight should do exercise.
⑤ She preferred the cloth bag that has beads on it.

**서술형**

**8** 다음 문장을 어법에 맞도록 바르게 고쳐 쓰시오.

> A man threw away trash on the street, that was against the law.

_____

**서술형**

**9** 다음 우리말과 같은 뜻이 되도록 주어진 말을 바르게 배열하시오.

> 나는 통증을 빠르게 없애 주는 약을 먹었다.

(some medicine, which, pain, I, quickly, took, relieves)

_____

**[10-12]** 다음 글을 읽고 물음에 답하시오.

Studies show that laughter has positive psychological effects. For example, it makes people happy and gets rid of depression. It helps relieve anxiety and improves moods, too. These benefits make sense, but, curiously, there are also physical benefits of laughing. Studies show that laughter appears to reduce physical pain. This may happen because of the way the body reacts when we laugh. When we laugh, our muscles move. This makes the pulse and blood pressure rise while increasing the flow of blood. We breathe faster, which increases the level of oxygen in the blood. ⓐ This improves the condition of the body.

(A) So the next time you feel sick, start laughing. (B) You will become happier, and it will also make you healthier. (C) Most doctors agree that laughing makes people happier and improves their physical bodies.

**10** 글에서 웃음으로 인한 신체적 변화로 언급되지 <u>않은</u> 것은?

① 근육의 움직임     ② 맥박 상승
③ 호흡량 감소     ④ 혈류 증가
⑤ 혈압 상승

**11** (A)~(C)를 글의 흐름에 알맞게 배열한 것은?

① (A) – (B) – (C)     ② (B) – (A) – (C)
③ (B) – (C) – (A)     ④ (C) – (A) – (B)
⑤ (A) – (C) – (B)

서술형
**12** 글의 밑줄 친 ⓐ This가 의미하는 내용을 우리말로 쓰시오.

_____

**[13-15]** 다음 글을 읽고 물음에 답하시오.

Do you know about dreamcatchers? They are shaped like a hoop and have a web in the middle. Feathers, beads, shells, and other objects decorate them. They hang above beds and on walls. People mostly use them for decoration today, but their original purpose was very different.

For centuries, Native American tribes ⓐ have used dreamcatchers. Nobody knows ⓑ why they started to use them. But there are some stories about their origins. According to one story, a chief's child became sick with a fever ⓒ who caused him terrible nightmares. A medicine woman made a dreamcatcher by copying the pattern of a spider web. Instead of catching flies, it caught bad dreams. The good dreams passed through the web. But the bad dreams got caught. The next morning, the sun came up and burned the bad dreams.

In the past, people gave dreamcatchers ⓓ to children. The children hung them ⓔ over their beds to prevent bad dreams. If you have nightmares, how about hanging (a) one above your bed?

**13** 글에서 드림캐처에 관해 언급되지 <u>않은</u> 것은?

① 모양     ② 장식 재료     ③ 용도
④ 유래     ⑤ 가격

**14** 글의 밑줄 친 ⓐ~ⓔ 중, 어법상 어색한 것은?

① ⓐ    ② ⓑ    ③ ⓒ    ④ ⓓ    ⑤ ⓔ

서술형
**15** 글의 밑줄 친 (a) one이 의미하는 것을 찾아 쓰시오.

_____

# CHAPTER 06

# Wh-Question Words
질문을 통한 세부 내용 이해하기

## Reading Skill 이해하기

**Wh-Question Words**는 '누가(who), 언제(when), 어디서(where), 무엇을(what), 어떻게(how), 왜(why)'라는 육하원칙에 근거한 질문을 제시하고 이것에 대한 답을 찾으면서 글의 세부 정보를 파악하는 리딩 스킬로 글에 대한 사실적 이해와 정확성을 평가하게 된다.

### 지시문 유형

▸ 글을 읽고 답할 수 <u>없는</u> 질문은?

▸ 글을 읽고 ○○에 관해 답할 수 <u>없는</u> 질문은?

### 문제 해결 Tips

▸ 선택지의 질문 내용을 먼저 파악한 후 지문을 읽으면서 해당되는 정보를 찾는다.

▸ 선택지의 질문이 글에서 제시된 객관적인 정보를 토대로 답할 수 있는 질문인지 파악한다.

▸ 선택지의 질문은 대체로 지문 내용에 따라 순서대로 제시된다.

### 내신 실전 적용 독해

글을 읽고 Bob Ross에 관해 답할 수 <u>없는</u> 질문은?

Bob Ross was born in 1942. He was a carpenter's son. However, he preferred painting and enjoyed teaching others to paint. In 1983, he began hosting the TV program *The Joy of Painting*. With his long beard and curly hair, he quickly became popular. He used the wet-on-wet method. So he did not let the paint dry while he was painting. That let him paint one complete nature picture on each show. The program was on television for more than ten years and taught millions of people to paint.

① What did his father do?

② What did he look like?

③ Why did he quit hosting *The Joy of Painting*?

④ What kind of method did he use when he paint?

⑤ How long did he host *The Joy of Painting*?

The recent movie *Coco* was a big success. Its theme is the Day of the Dead, a popular holiday in Mexico. While Halloween is celebrated on October 31, the Day of the Dead takes place on November 1 and 2.

The Day of the Dead, or El Dia de los Muertos in Spanish, is a holiday in Central America. It is especially popular in Mexico. People celebrate the lives of their ancestors by having parties and

parades and dancing. They believe the spirits of the dead return to the Earth and take part in the celebrations.

Families visit cemeteries on this holiday. They decorate and clean their ancestors' graves. They also place things the deceased enjoyed, like foods and drinks, on the graves. They add photos of the deceased at the graves. *Pan de muerto*, or "bread of the dead" is another important part of the holiday. The bread resembles piles of bones. People bake it and put it on the graves, too.

---

**핵**심 구문 분석

11행 ▶ They / believe / the spirits / of / **the dead** / return / to the Earth.
　　　　그들은 / 믿는다 / 영혼들이 / ~의 / 죽은 사람들 / 돌아온다 / 지구로

⟨the + 형용사⟩는 '~한 사람들'이라는 뜻으로 ⟨형용사 + people⟩로 바꿔 쓸 수 있으며, 주어로 쓰일 경우 뒤에 복수 동사가 온다.

**1** What is the passage mainly about?

① the theme of the movie *Coco*
② Halloween vs. the Day of the Dead
③ the Day of the Dead, a popular holiday in Mexico
④ holidays for the dead around the world
⑤ special food for the Day of the Dead

**Reading Skill** **Wh-Question Words**

**2** 글을 읽고 the Day of the Dead에 관해 답할 수 <u>없는</u> 질문은?

① When does the holiday take place?
② What is the holiday called in Spanish?
③ How do people celebrate the holiday?
④ Why is the holiday popular in Mexico?
⑤ Where do people visit on the holiday?

**3** 글에서 the Day of the Dead에 하는 일로 언급되지 <u>않은</u> 것은?

① 고인의 묘지 방문하기
② 고인의 묘지 청소 및 장식하기
③ 고인이 생전에 좋아한 음식을 묘지에 두기
④ 고인 가족들의 사진을 묘지에 두기
⑤ 뼈 모양의 빵을 구워 묘지에 올리기

**4** 다음 영영풀이에 해당하는 단어를 글에서 찾아 쓰시오.

someone in your family who lived a long time ago

_____

ocabulary

**success** 명 성공, 성과 (≠ failure 실패)

**theme** 명 주제, 테마

**holiday** 명 공휴일, 휴가

**Spanish** 명 스페인어, 스페인 사람

**Central America** 명 중앙아메리카

**especially** 부 특히, 특별히

**ancestor** 명 조상, 선조
(≠ descendant 후손)

**parade** 명 행진, 퍼레이드

**spirit** 명 영혼, 정신, 혼령

**take part in** ~에 참가(참여)하다

**celebration** 명 기념행사, 기념

**cemetery** 명 묘지, 공동묘지

**grave** 명 무덤, 묘, 산소

**place** 동 두다, 놓다

**deceased** 형 사망한

**pile** 명 더미, 쌓아 올린 것

**bake** 동 굽다

Detecting liars is the work of the *FBI. Mark Bouton, an FBI agent for 30 years and author of *How to Spot Lies Like the FBI*, explains how to become a human lie detector.

First, watch people's eyes. People telling lies usually move them back and forth. (a) They may also blink quickly five or six times. (b) This shows they are experiencing stress. (c) Lying is a major cause of stress. (d) Learning how to respond to stress is important. (e) Liars close their eyes for more than one second at times, too. And watch where people look. Right-handed people look to the right before lying. Left-handed people look the opposite direction.

Do not just look at people's eyes. When people lie, their faces itch. So they scratch their faces. When people are touching their faces a lot, they are probably lying. Liars sweat very much, too. So look for sweat on people's faces or bodies.

Now you can catch liars. Are you ready to be a human lie detector?

*FBI (Federal Bureau of Investigation) 미국 연방 수사국

---

**서술형 핵심 문법**

5행  ▶ **현재분사:** 동사원형에 '-ing'를 붙인 현재분사는 '~하는, ~하고 있는'이라는 능동과 진행의 의미를 가지며 형용사처럼 명사를 수식한다. 현재분사에 수식어가 딸린 경우 명사를 뒤에서 수식한다.
<u>People **telling** lies</u> usually move them back and forth. 거짓말을 하는 사람들은 대개 그것들을 이리저리 움직인다.

✍ **우리말과 같은 뜻이 되도록 주어진 말을 바르게 배열하시오.**
벽에 걸려 있는 그 그림은 매우 인상적이다. (very / on the wall / the picture / is / hanging / impressive)

---

**1** 거짓말을 하고 있는 사람에 관한 글의 내용과 일치하지 <u>않는</u> 것은?

① 눈을 빠른 속도로 깜빡거린다.

② 때때로 눈을 1초 이상 감는다.

③ 주로 사용하는 손의 반대 방향을 본다.

④ 얼굴을 긁고 자주 만진다.

⑤ 얼굴과 몸에 땀을 흘린다.

**2** 글의 (a)~(e) 중, 전체 흐름과 관계 <u>없는</u> 문장은?

① (a)     ② (b)     ③ (c)     ④ (d)     ⑤ (e)

`Reading Skill` `Wh-Question Words`

**3** 글을 읽고 답할 수 <u>없는</u> 질문은?

① Who is Mark Bouton?

② What makes people lie?

③ What is *How to Spot Lies Like the FBI* about?

④ How do people's eyes change when they lie?

⑤ Which way do left-handed people look when they lie?

`서술형`

**4** 글의 내용과 일치하도록 다음 질문에 답하시오.

Q: Why do liars blink quickly several times?

A: Because they _____

`서술형`

**5** 다음 빈칸에 알맞은 단어를 글에서 찾아 쓰시오.

> It is possible to detect _____ by watching people.
> People moving their _____ back and forth,
> _____ their faces a lot, or sweating are probably
> lying.

**V**ocabulary

**detect** 통 알아내다 *n.* detector 탐지기

**liar** 명 거짓말쟁이

**agent** 명 대리인, 수사관

**lie** 통 거짓말하다 명 거짓말

**blink** 통 (눈을) 깜박이다

**major** 형 주요한, 중대한
(≠ minor 중요하지 않은, 작은)

**at times** 때때로

**right-handed** 형 오른손잡이의
(≠ left-handed 왼손잡이의)

**opposite** 형 반대의, 정반대의

**itch** 통 가렵다, 근질근질하다

**scratch** 통 긁다

**look for** ~를 찾다

**be ready to** ~할 준비가 되다

Sometimes there are news stories about *sinkholes suddenly appearing. They swallow houses and buildings and kill people. They seem to be rare, but they are actually common around the world.

Sinkholes are large holes in the Earth's surface. Most are small, but some sinkholes are more than 600 meters deep. The world's largest sinkhole is in China. It is 670 meters deep. Sinkholes have many names, including sinks, shake holes, and swallow holes. But they all form in similar ways.

They commonly form in areas with *limestone, a type of rock. Water and other chemicals get into the ground and dissolve the limestone beneath the surface. ⓐ This creates empty spaces and caverns. Over time, these spaces and caverns become bigger. ① Since the land above them is heavy, it often collapses into the empty spaces. ② This forms sinkholes. ③ Mines people no longer use sometimes form them. ④ Underground waterpipes may break and release water, too. ⑤ These can erode the land and make sinkholes form.

*sinkhole 싱크홀  *limestone 석회석

**핵**심 구문 분석

3행 ▸ They / **seem to be** rare, / but / they / are / actually / common / around the world.
그것들은 / 드문 것처럼 보인다 / 하지만 / 그것들은 / ~이다 / 실제로 / 흔한 / 전 세계적으로

⟨seem + to부정사⟩는 '~처럼 보이다, ~인 것 같다'라는 뜻으로 자신의 의견을 약하게 표현할 때 사용된다.
⟨appear + to부정사⟩와 바꿔 쓸 수 있다.

72

**1** 글의 내용과 일치하면 T, 그렇지 않으면 F를 쓰시오.

(1) Sinkholes are rare, natural events in the world.  _____

(2) An old, unused mine can cause a sinkhole to form.  _____

**2** 다음 문장이 들어갈 위치로 가장 알맞은 곳은?

> Humans can also create sinkholes.

①      ②      ③      ④      ⑤

Reading Skill   Wh-Question Words

**3** 글을 읽고 sinkholes에 관해 답할 수 <u>없는</u> 질문은?

① What are sinkholes?

② Where is the world's largest sinkhole?

③ How deep is the largest sinkhole in the world?

④ When did the largest sinkhole form?

⑤ Where do sinkholes commonly form?

서술형

**4** 글의 밑줄 친 ⓐ This가 의미하는 내용을 우리말로 쓰시오.

_____

**V**ocabulary

**swallow** 동 삼키다, 집어삼키다

**deep** 형 깊은, 깊이가 ~인

**commonly** 부 보통, 흔히

**get into** ~에 들어가다

**dissolve** 동 녹이다, 용해하다

**beneath** 전 ~ 아래에, 밑에

**cavern** 명 큰 굴, 동굴

**collapse** 동 붕괴하다, 무너지다

**mine** 명 광산

**no longer** 더 이상 ~않는

**underground** 형 지하의, 땅속의

**waterpipe** 명 수도관, 배수관

**erode** 동 침식하다, 부식시키다

# 24

The Atacama Desert is located in Chile in South America. The desert is found along the coast of the Pacific Ocean, but ⓐ it is extremely dry. In fact, 그것은 세계에서 가장 건조한 사막이다. The average rainfall in ⓑ this area is less than 1 millimeter per year. And some parts of ⓒ it have gotten no rain for centuries.

The temperature in the desert can rise to 40 degrees *Celsius during the day. But ⓓ it can go down to 5 degrees Celsius at night. Even though ⓔ it is a hot and dry desert, snow often falls at high altitudes. So the tops of some high mountains are covered with snow.

The soil in the Atacama Desert is also unique. It resembles the soil found on the planet Mars. For that reason, *NASA, the American space agency, tests equipment it will send to Mars there. _____, the Atacama Desert has more than 300 clear nights each year. So many observatories are located there.

*Celsius 섭씨(℃)
*NASA (National Aeronautics and Space Administration) 미국 항공 우주국

### 서술형 핵심 문법

11행 ▶ **과거분사**: 과거분사는 '~된, ~당한'이라는 뜻으로 수동과 완료의 의미를 가지며, 형용사처럼 명사를 수식한다. 과거분사에 수식어가 딸린 경우 명사를 뒤에서 수식한다.
It resembles the soil **found** on the planet Mars. 그것은 화성에서 발견된 토양과 비슷하다.

✍️ 우리말과 같은 뜻이 되도록 주어진 말을 바르게 배열하시오.
나는 영어로 쓰인 편지를 받았다. (a letter / in English / I / written / got)

**1** 글을 읽고 the Atacama Desert에 관해 답할 수 <u>없는</u> 질문은?

① Where is the desert located?

② How much rain does the desert get a year?

③ What is the weather like in the desert?

④ How high are the mountains in the desert?

⑤ Why are there many observatories in the desert?

**2** 글의 밑줄 친 ⓐ~ⓔ 중, 가리키는 대상이 나머지 넷과 <u>다른</u> 것은?

① ⓐ          ② ⓑ          ③ ⓒ          ④ ⓓ          ⑤ ⓔ

**3** 글의 빈칸에 들어갈 말로 가장 알맞은 것은?

① Therefore          ② Otherwise          ③ However

④ As a result          ⑤ In addition

**4**
서술형

밑줄 친 우리말과 같은 뜻이 되도록 주어진 말을 바르게 배열하시오.

(it, in the world, the, desert, is, driest)

_____

**5**
서술형

글의 내용과 일치하도록 다음 질문에 답하시오.

Q: Why does NASA test its equipment in the Atacama
  Desert?

A: Because the soil there _____

_____

# Vocabulary

**desert** 명 사막

**along** 전 ~을 따라

**coast** 명 해안, 연안

**the Pacific Ocean** 명 태평양

**rainfall** 명 강수량, 강우량

**be covered with** ~로 덮여 있다

**soil** 명 토양, 흙

**agency** 명 (정부의) 기관, 단체

**test** 동 테스트하다, 실험하다

**equipment** 명 장비, 기기

**observatory** 명 관측소, 천문대

**1** 다음 영영풀이가 가리키는 단어로 알맞은 것은?

> to fall down suddenly, often after breaking apart

① scratch  ② detect  ③ swallow
④ erode  ⑤ collapse

**2** 다음 짝지어진 두 단어의 관계가 나머지 넷과 다른 것은?

① ancestor : descendant
② put : place
③ success : failure
④ major : minor
⑤ right-handed : left-handed

**3** 다음 중 영어 표현과 우리말 뜻이 잘못 연결된 것은?

① look for: ~를 찾다
② be ready to: ~할 준비가 되다
③ be covered with: ~로 덮여 있다
④ take part in: ~의 일부를 가져가다
⑤ get into: ~에 들어가다

서술형
**4** 다음 두 문장의 의미가 같도록 빈칸에 알맞은 말을 쓰시오.

> The celebration appears to be delayed.
> = The celebration _____ be delayed.

서술형
**5** 다음 문장을 어법에 맞도록 바르게 고쳐 쓰시오.

> The flu vaccine is free for elderly.

**6** 다음 중 어법상 어색한 것은?

① The rich are not always happy.
② The falling leaves are on the street.
③ His new book seems to be a success.
④ They found a grave covered with grass.
⑤ I saw a little boy looking for his mother.

**7** 다음 밑줄 친 부분의 쓰임이 나머지 넷과 다른 것은?

① The woman scratching her face is my mom.
② The people telling lies will be punished.
③ He is blinking his eyes because of dust.
④ Everyone taking part in the game will get a prize.
⑤ The baby sleeping in the bed is my baby sister.

서술형
**8** 다음 우리말과 같은 뜻이 되도록 주어진 단어를 이용해 영작하시오.

> 왼손잡이인 사람들이 더 창의적인 거 같다.

(seem, creative)

_____

_____

서술형
**9** 다음 우리말과 같은 뜻이 되도록 주어진 말을 바르게 배열하시오.

> 공원에 놓인 의자들은 눈으로 덮여 있다.

(with snow, placed, are, in the park, the chairs, covered)

Detecting liars ⓐ is the work of the FBI. Mark Bouton, an FBI agent for 30 years and author of *How to Spot Lies Like the FBI*, explains how to become a human lie detector.

First, watch people's eyes. People telling lies usually move them back and forth. They may also blink quickly five or six times. This shows they ⓑ are experiencing stress. Lying ⓒ is a major cause of stress. Liars close their eyes for more than one second at times, too. And watch ⓓ people look where. Right-handed people look to the right ⓔ before lying. Left-handed people look (a) the opposite direction.

Do not just look at people's eyes. When people lie, their faces itch. So they scratch their faces. When people are touching their faces a lot, they are probably lying. Liars sweat very much, too. So look for sweat on people's faces or bodies.

**10** 글에 따르면, 거짓말을 하고 있지 <u>않은</u> 사람은?

① 은성이는 눈동자를 좌우로 움직이고 있다.
② 민서는 눈을 5~6회 빠르게 깜빡이고 있다.
③ 서윤이는 눈썹을 찡그리고 있다.
④ 현수는 얼굴을 만지고 있다.
⑤ 하진이는 얼굴에 땀을 흘리고 있다.

**11** 글의 밑줄 친 ⓐ~ⓔ 중, 어법상 어색한 것은?

① ⓐ    ② ⓑ    ③ ⓒ    ④ ⓓ    ⑤ ⓔ

서술형
**12** 글의 밑줄 친 (a) the opposite direction이 의미하는 내용을 우리말로 쓰시오.

_____

Sometimes there are news stories about sinkholes suddenly _____. They swallow houses and buildings and kill people. They seem to be rare, but they are actually common around the world.

Sinkholes are large holes in the Earth's surface. Most are small, but some sinkholes are more than 600 meters deep. The world's largest sinkhole is in China. It is 670 meters deep. Sinkholes have many names, including sinks, shake holes, and swallow holes. But they all form in similar ways.

They commonly form in areas with limestone, a type of rock. Water and other chemicals get into the ground and dissolve the limestone beneath the surface. This creates empty spaces and caverns. Over time, these spaces and caverns become bigger. Since the land above ⓐ them is heavy, it often collapses into the empty spaces. This forms sinkholes.

**13** 글의 빈칸에 들어갈 말로 가장 알맞은 것은?

① appear    ② appearing    ③ appeared
④ appears    ⑤ to appear

**14** 글에서 싱크홀에 관해 언급되지 <u>않은</u> 것은?

① 정의    ② 규모    ③ 별칭
④ 생성 과정    ⑤ 대처 방법

서술형
**15** 글의 밑줄 친 ⓐ them이 가리키는 것을 찾아 쓰시오.

_____

# Reading Skill로 끝내는

## 중학 내신 독해 ❸

| 저자 | Michael A. Putlack · 플라워에듀 |

**초판 1쇄 발행** 2019년 01월 17일

| 편집장 | 조미자 |
| 책임편집 | 김미경 · 정진희 · 최수경 |
| 표지디자인 | 김성희 |
| 디자인 | 김성희 · 임미영 |
| 마케팅 | 이원호 · 도성욱 · 문신영 |
| 관리 | 차혜은 · 이성희 |
| 인쇄 | 삼화 인쇄 |
| 사진 출처 | shutterstock.com |

| 펴낸이 | 정규도 |
| 펴낸곳 | ⓞ Happy House |

서울시 마포구 잔다리로 64-1 다락원 빌딩
**전화** 02-736-2031 (내선 250)
**팩스** 02-736-2037

ISBN 978-89-6653-557-6  53740

**값 11,000원**

**구성** 본책 + Workbook + 정답 및 해설
**무료 다운로드** MP3 파일, 단어 리스트, 단어 테스트, 정답 및 해설, Dictation Sheet, 녹음 대본 www.ihappyhouse.co.kr

# Reading Skill로 끝내는 중학 내신 독해 3 Level

## 정답 및 해설

Happy House

# Reading Skill로 끝내는

# 중학 내신 독해 ③
Level

## 정답 및 해설

Happy House

# CHAPTER 01 | Complete the Sentences

**정답**      ②

빈칸 뒤에 대조될 때 쓰는 접속사 but이 있으므로 빈칸에는 인기를 얻고 있다는 내용과 대조되는 ② '힘든 경주'가 들어가는 것이 가장 알맞다.

① 인기 있는 스포츠          ③ 전통적인 경주          ④ 흥미진진한 경주          ⑤ 매우 어렵지 않은

**지문 해석**      당신은 수영하는 것을 좋아하는가? 사이클링이나 달리기는 어떠한가? 아마 당신은 세 가지 활동들을 모두 즐길지도 모른다. 그렇다면 당신은 철인 3종 경기에 참가해야 한다. 이름에 있는 "tri"는 그것이 세 가지 활동, 즉 수영, 사이클링, 그리고 달리기를 포함한다는 것을 나타낸다. 참가자들은 휴식 없이 수영, 사이클링, 그리고 달리기를 하면서 경주한다. 최초의 경기는 1974년에 개최되었다. 참가자들은 500야드를 수영하고, 5마일을 자전거를 타고, 6마일을 뛰어야 했다. 철인 3종 경기는 <u>힘든 경주</u>이지만, 인기를 얻고 있다. 그리고 그것은 2000년에 올림픽 경기 종목이 되었다.

# 01

**정답**      **1** (1) T (2) F      **2** ⑤      **3** ③      **4** help you solve difficult calculations quickly

**문제 해설**      **1** (1) 베다 수학을 사용함으로써 더 큰 숫자들을 곱하는 문제들을 쉽게 풀 수 있다고 했다. (3~4행)

(2) 베다 수학이 어려운 계산을 빨리 풀도록 도울 수 있다고는 했지만, 그것이 계산기를 사용하는 것보다 더 빠른 지는 언급되어 있지 않다.

**2** 2와 3을 더해 얻은 숫자 5를 넣어 253이라는 숫자를 만들어야 하므로 ⑤ '2와 3 사이에'가 가장 알맞다.

① 2 앞에          ② 문제에          ③ 당신의 계산기에          ④ 23의 끝에

**3** 먼저(First) 24에 10을 곱해서 240이 된다는 (B), 그 다음에(Then) 240을 2로 나눠서 120이 된다는 (C), 그 후에 (After that) 앞에서 나온 두 숫자 240과 120을 더해 360이 된다는 (A)의 내용으로 이어지는 것이 자연스럽다.

**4** '～가 …하도록 돕다'는 ⟨help + 목적어 + (to)동사원형⟩ 구문을 쓴다.

**구문 해설**      04행      It is a set of strategies **that** can **help** you **solve** difficult calculations quickly.
- 주격 관계대명사 that이 이끄는 형용사절이 선행사 strategies를 뒤에서 수식한다.
- ⟨help + 목적어 + (to)동사원형⟩은 '～가 …하도록 돕다'라는 뜻이다.

06행      To use Vedic mathematics, **add** the digits of the number **you are multiplying by 11 together**.
- add together는 '합계하다'라는 뜻으로 목적어가 명사인 경우 동사와 부사 사이 또는 부사 뒤에 올 수 있다.
- you are multiplying by 11은 목적격 관계대명사가 생략된 형용사절로 선행사 number를 뒤에서 수식한다.

14행      Learn them, **and** you will never need a calculator again.
- 명령문 다음에 and가 오면 '～해라, 그러면 …할 것이다'라는 뜻이다.

지문 해석 대부분의 학생은 초등학교에서 구구단을 배운다. 그들은 3 곱하기 5는 15라는 것과 7 곱하기 6은 42라는 것을 배운다. 하지만 더 큰 숫자들을 곱하는 것은 어떠한가? 베다 수학을 사용함으로써 당신은 그러한 문제들을 쉽게 풀 수 있다. 그것은 당신이 어려운 계산을 빨리 풀도록 도울 수 있는 일련의 전략들이다.

11을 곱하는 것을 시험삼아 해보자. 23 곱하기 11인 이 문제는 어떠한가? 베다 수학을 사용하려면 당신이 11을 곱하려는 그 수의 숫자들을 더해라. 그러면 2 더하기 3은 5이다. 그 다음에 그 숫자를 2와 3 사이에 넣어라. 그래서 23 곱하기 11은 253이다. 그것을 믿지 않는가? 당신의 계산기로 그것을 확인해봐라.

15를 곱하는 것은 어떠한가? 24 곱하기 15를 한번 풀어보자. 이것은 훨씬 더 쉽다. (B) 먼저, 24에 10을 곱하라. 그러면 24 곱하기 10은 240이다. (C) 그 다음에 240을 2로 나눠라. 그것은 120이다. (A) 그 후에 그 두 수를 합하라. 240 더하기 120은 360이다.

베다 수학에는 더 많은 지름길이 있다. 그것들을 배워라, 그러면 당신은 다시는 계산기가 필요하지 않을 것이다.

# 02

pp.10~11

서술형 핵심 문법　It is difficult to learn a foreign language.

| 정답 | **1** ④　　**2** ③　　**3** ②　　**4** 인형 뽑기 기계들이 당신이 지도록 설정된 것<br>**5** Claw machines, prize, lose |
|---|---|

문제 해설

**1** 인형 뽑기 기계는 쉬워 보이지만 사람들이 상품을 획득하기 어렵게 설정되어 있다는 내용의 글로 주제는 ④ '인형 뽑기 기계에서 이기기 어려운 이유'가 가장 알맞다.

[문제] 무엇에 관한 글인가?
① 인형 뽑기 기계의 원리
② 당신이 인형 뽑기 기계를 볼 수 있는 장소
③ 인형 뽑기 기계로 게임을 하는 방법
⑤ 인형 뽑기 기계의 인기

**2** 인형 뽑기 기계는 단순히 동전을 넣고, 집게발을 사용하여 상품을 잡는 것으로 게임을 하기에 간단하다고 했으므로 ③은 글의 내용과 일치하지 않는다. (3~5행)

**3** 인형 뽑기 기계가 사람들이 지도록 설정되어 있으므로 조심하라는 요지의 글로 주제문인 마지막 문장의 빈칸에는 당신은 많은 돈을 잃고 ② '아무것도 얻지 못하다'가 들어가는 것이 알맞다.
① 즐거운 시간을 보내다　　③ 더 많은 돈을 쓰다　　④ 게임을 즐기다　　⑤ 많은 상품을 획득하다

**4** ⓐ '이유'는 바로 뒤에 오는 문장에서 설명된 '인형 뽑기 기계들이 당신이 지도록 설정된 것'을 의미한다.

**5** 인형 뽑기 기계들은 게임을 하기에 즐겁지만, 상품을 획득하기는 쉽지 않다. 그 이유는 그것들이 당신이 지도록 설정되어 있다는 것이다.

구문 해설　03행　They are simple and fun **to play**.
　　• to play는 to부정사의 부사적 용법으로 앞의 나온 형용사 simple과 fun을 수식한다.

10행　There is a reason **these things happen**.
　　• 관계부사 why가 생략된 형용사절로 선행사 reason을 뒤에서 수식한다.

10행　Claw machines **are set up** to **make** you **lose**.
　　• are set up은 〈be동사 + 과거분사〉 형태의 수동태로 '설정되다'라는 뜻이다.
　　• 〈make + 목적어 + 동사원형〉은 '~가 …하게 만들다'라는 뜻이다.

11행 People do not want to play machines **they can never win on**.
- 목적격 관계대명사가 생략된 형용사절로 선행사 machines를 뒤에서 수식한다.

지문 해석　요즈음 인형 뽑기 기계들이 매우 인기가 있다. 당신은 그것들을 식료품점, 쇼핑몰, 그리고 다른 번화한 장소에서 볼 수 있다. 그것들은 게임을 하기에 간단하고 즐겁다. 당신은 그저 그것들에 동전을 넣고, 상품을 잡기 위해서 집게발을 사용하면 된다.

　게임은 쉬워 보인다. 하지만 상품을 획득하기는 쉽지 않다. 집게발들은 상품들을 충분히 꽉 잡지 않는다. 또한 집게발들이 종종 상품들을 놓쳐서, 그것들이 떨어진다. 그러면 당신은 다시 시도하기 위해 더 많은 돈을 써야 한다.

　이러한 일들이 일어나는 이유가 있다. 인형 뽑기 기계들이 당신이 지도록 설정되어 있다. 사람들은 그들이 절대 이길 수 없는 기계로 게임을 하는 것을 원치 않는다. 그래서 집게발들은 영리하게 프로그램로 짜여 있다. 그것들은 가끔씩 강하게 잡는다. 그러니 인형 뽑기 기계로 게임을 할 때 조심해라. 당신은 많은 돈을 잃고 <u>아무것도 얻지 못할</u> 수도 있다.

# 03

p.13

| 정답 | **1** ⑤　　**2** ④　　**3** ⑤　　**4** 백신 안에 있는 바이러스는 죽어 있거나 약해져 있기 때문에 |
| --- |

문제 해설
**1** 바이러스가 죽게 되면, 항체는 분해되어 사라진다고 했으므로 ⑤는 글의 내용과 일치하지 않는다. (10행)

**2** 백신의 원리를 설명하는 내용 중에 (d) '운동은 면역체계에 도움을 줄 수 있다'라는 문장은 글의 흐름과 무관하다.

**3** 앞 문장에서 항체는 분해되어 사라지지만 몸은 항체들을 만드는 법을 기억한다고 했으므로, 실제 바이러스에 감염되면 사람의 몸은 ⑤ '항체들을 만들기 시작하다'가 들어가야 알맞다.
① 바이러스를 죽이다　　② 보호되다　　③ 약화되다　　④ 아프기 시작하다

**4** 백신 안에 있는 바이러스는 죽어 있거나 약해져 있기 때문에 사람을 아프게 만들 수 없다고 했다. (6~7행)

구문 해설
01행 The flu **is caused by** a virus. **So** are chickenpox, measles, and polio.
- 〈be동사 + 과거분사〉는 수동태로 행위자는 〈by + 목적격〉으로 뒤에 온다.
- 〈so + 동사 + 주어〉는 '~도 또한 …하다'란 뜻으로 앞 문장에 쓰인 동사의 종류와 시제에 따라 동사 형태가 바뀐다.

02행 Fortunately, **due to** the discovery of vaccines, people can **be protected from** some viruses.
- due to는 '~ 때문에'라는 이유를 나타내는 전치사구로 뒤에 명사가 온다.
- be protected from은 〈protect + 목적어 + from〉의 수동태로 '~로부터 보호되다'라는 뜻이다.

07행 However, the body's immune system **recognizes** the virus **as** a threat.
- 〈recognize A as B〉는 'A를 B로 인식하다'라는 뜻이다.

09행 It then makes antibodies **that fight and kill the virus**.
- 주격 관계대명사 that이 이끄는 형용사절로 선행사 antibodies를 뒤에서 수식한다.

지문 해석　독감은 바이러스에 의해 유발된다. 수두, 홍역, 그리고 소아마비도 또한 그렇다. 바이러스는 사람들을 아프게 만들 수 있고, 심지어 죽게 만들 수도 있다. 다행스럽게도 백신의 발견으로 사람들은 몇 가지의 바이러스로부터 보호될 수 있다.

　백신은 질병을 치료하지는 않지만, 사람들이 병에 걸리는 것을 막아준다. 그것들은 죽거나 약화된 형태의 바이러스를 포함하고 있으며, 보통 사람의 몸속으로 주입된다. 백신 안에 있는 바이러스는 죽어 있거나 약해져 있기 때문에 그것은 사람을 아프게 만들 수 없다. 하지만 몸의 면역체계는 그 바이러스를 위협으로 인식

4

한다. (운동은 면역체계에 도움을 줄 수 있다.) 그러면 그것은 바이러스와 싸워 죽일 수 있는 항체를 만든다. 바이러스가 죽게 되면, 항체는 분해되어 사라진다. 하지만 몸은 그것들을 어떻게 만드는지를 기억한다. 나중에 그 사람이 실제 그 바이러스에 감염되면, 몸은 항체들을 만들기 시작할 것이다. 그것들은 바이러스를 파괴하고, 그 사람이 병에 걸리는 것을 막을 것이다.

# 04

**서술형 핵심 문법**  He showed his pictures to us. [He showed us his pictures.]

| 정답 | **1** ⑤　**2** ③　**3** ④　**4** heal　**5** ketchup more vitamins and antioxidants [more vitamins and antioxidants to ketchup] |
| --- | --- |

**문제 해설**

**1** 1800년대에 토마토가 첨가된 케첩이 여러 가지 질병을 치료해주는 약으로 선전되었고, 사람들은 케첩을 약으로 알고 구매했다는 내용의 글이므로 ⑤ '약으로 팔린 토마토케첩'이 제목으로 가장 알맞다.
① 케첩이 어떻게 이름을 얻게 되었는가
② 케첩은 무엇으로 만들어지는가
③ 케첩 맛의 비밀
④ 케첩은 어떤 질병을 치료할 수 있는가

**2** 1800년대에는 사람들이 케첩이 질병을 치료해주는 약이라고 믿었다는 것이 글의 요지로 빈칸 (a), (b) 앞뒤의 내용을 살펴보면 빈칸에는 요지와 관련된 핵심적인 단어인 ③ '약'이 들어가는 것이 가장 알맞다.
① 후식　　② 영양분　　④ 양념　　⑤ 음식

**3** '1850년에 이르러 사람들은 이러한 주장들이 거짓이라는 것을 알았다'는 주어진 문장은 But으로 시작하는 사람들이 케첩의 맛을 좋아해서 계속 케첩을 샀다는 문장과 대조를 이루므로 ④에 들어가는 것이 가장 알맞다.

**4** cure는 '치료하다, 고치다'라는 의미로 heal(치료하다, 치유하다)과 바꿔 쓸 수 있다.

**5** 1834년에 Bennet 박사는 케첩에 더 많은 비타민과 산화 방지제를 주기 위해서 토마토를 첨가했다고 했다. (5~7행)
Q: Bennet 박사는 왜 케첩에 토마토를 첨가했는가?
A: 그는 케첩에 더 많은 비타민과 산화 방지제를 주기를 원했다.

**구문 해설**

**02행** However, people did not **consider ketchup food** in the 1800s.
　• 〈consider + 목적어 + 목적격보어〉는 '~을 …라고 여기다'라는 뜻으로 목적격보어에는 명사나 형용사가 온다.

**05행** Originally, ketchup **was made of either** fish **or** mushrooms.
　• be made of는 '~로 만들어지다'는 뜻으로 〈make A of B〉의 수동태 표현이다. of 이하에는 원료, 재료에 해당하는 말이 온다.
　• 〈either A or B〉는 'A 또는 B'라는 뜻이다.

**10행** At that time, even experts did not know **why certain foods were healthy or helped people**.
　• 의문사 why가 이끄는 절이 동사 know의 목적어로 쓰인 간접의문문이다. 의문사절의 주어 certain foods에 두 개의 동사 were와 helped가 대등하게 연결되어 있다.

**12행** Then, other people **started making** their **own**.
　• start는 목적어로 동명사와 to부정사를 모두 취할 수 있다.
　• 형용사 own은 '자신의'라는 뜻으로 여기서는 뒤에 명사 ketchup이 생략되었다.

ANSWER KEYS | 5

**14행** But they liked the taste, so they **continued buying** tomato ketchup **to eat**.

- continue는 목적어로 동명사와 to부정사를 모두 취할 수 있으며 '계속 ~하다'라는 뜻이다.
- to eat은 tomato ketchup을 수식하는 to부정사의 형용사적 용법으로 '~하는, ~할'로 해석된다.

**지문 해석**

사람들은 케첩을 버거와 감자튀김 위에 뿌린다. 그것은 매우 인기 있는 양념이다. 하지만 1800년대에 사람들은 케첩을 음식으로 여기지 않았다. 대신에 그들은 그것을 약이라고 생각했다.

원래 케첩은 생선이나 버섯으로 만들어졌다. 1834년에 John Cooke Bennet 박사는 케첩에 더 많은 비타민과 산화 방지제를 주기 위해서 그것에 토마토를 첨가했다. 그러고는 그는 그것을 약으로 선전했다. 그는 그것이 설사와 같은 여러 가지 질병들을 치료할 수 있다고 주장했다. 그는 심지어 케첩을 좀 더 약처럼 보이게 만들기 위해서 알약으로 만들었다.

그 당시 전문가들조차도 어떤 음식이 왜 건강에 좋은지 또는 사람들에게 도움이 되는지를 알지 못했다. 그래서 사람들은 Bennet 박사의 주장을 믿었고, 케첩의 판매는 증가했다. 그 이후 다른 사람들도 그들 자신의 케첩을 만들기 시작했다. 그들은 케첩이 괴혈병을 치료하고, 부러진 뼈를 치료할 수 있다고 주장했다. 1850년에 이르러 사람들은 이러한 주장들이 거짓이라는 것을 알았다. 하지만 그들은 그 맛을 좋아해서, 먹을 토마토케첩을 계속 샀다.

# 내신 대비 **실전 Test**

**정답**

**1** infect  **2** ④  **3** ②  **4** ⑤  **5** ①  **6** ②  **7** ③  **8** My best friend tells me her secrets. [My best friend tells her secrets to me.]  **9** How about going shopping this afternoon?  **10** ④  **11** ①  **12** grab  **13** ③  **14** ①  **15** 케첩을 좀 더 약처럼 보이게 만들기 위해서

**문제 해설**

**1** infect(감염시키다): 사람이나 동물에 질병을 퍼뜨리다
어떤 조류 독감 바이러스는 심지어 사람들을 감염시킬 수 있다.

**2** ①, ②, ③, ⑤는 유의어 관계인 반면 ④는 반의어 관계이다.

**3** fall down: 떨어지다
눈송이들은 하늘에서 천천히 떨어진다.
① 설치하다, 설정하다  ③ ~을 확인하다  ④ 분해하다  ⑤ 병에 걸리다

**4** 〈의문사 + to부정사〉는 〈의문사 + 주어 + should + 동사〉로 바꿔 쓸 수 있다.
나는 휴가를 어디로 가야 할지 모르겠다.

**5** 간접목적어(~에게) 앞에 전치사 to를 쓸 수 있는 동사에는 give, show, tell, send, lend, read, write 등이 있다. buy는 전치사 for와 함께 쓰인다.
Cindy는 내 생일에 나에게 카드를 _____.
② 보냈다  ③ 읽어주었다  ④ 썼다  ⑤ 주었다

**6** ②에서 간접목적어(us) 앞에 전치사 to를 쓰거나, 직접목적어(some cookies)와 간접목적어(us)의 순서를 바꿔야 한다.
① 나는 무엇을 사야 할지 모르겠다.
② 그의 어머니는 우리에게 약간의 쿠키를 주셨다.
③ 약을 좀 먹는 것이 어때요?
④ 암과 같은 질병들을 치료하는 것은 어렵다.
⑤ 그녀는 선생님에게 이메일을 썼다.

**7** ③에서 it은 대명사로 주어로 사용되었고, 나머지는 진주어인 to부정사구 자리에 쓴 가주어이다.

　① 당신을 돕는 것은 나의 기쁨이다.

　② 금메달을 따기는 쉽지 않다.

　③ 그것은 나에게 매우 중요하다.

　④ 그 프로젝트를 계속하는 것은 불가능하다.

　⑤ 그 수학 문제들을 푸는 것은 어렵다.

**8** ⟨tell + 간접목적어 + 직접목적어⟩ 또는 ⟨tell + 직접목적어 + to + 간접목적어⟩의 형태를 써야 한다.

　나의 가장 친한 친구는 나에게 그녀의 비밀들을 말한다.

**9** how about + 명사/동명사: ~하는 것은 어떠한가?

**[10-12]** p.10 **02** 지문 해석 참고

**10** 문맥상 ⓐ는 바로 앞에 나온 명사인 prizes를 가리킨다.

**11** '이러한 일들이 일어나는 이유가 있다'는 주어진 문장은 인형 뽑기 기계에서 상품을 획득하는 것이 어려운 이유를 설명해주는 세 번째 문단이 시작하는 ①에 들어가는 것이 가장 알맞다.

**12** '당신의 손으로 무언가를 꽉 잡다'라는 뜻을 가진 단어는 grab(붙잡다, 움켜잡다)이다.

**[13-15]** p.14 **04** 지문 해석 참고

**13** 빈칸 앞에는 1800년대에는 케첩을 음식으로 여기지 않았다고 했고, 빈칸 뒤에는 약이라고 생각했다는 내용이 이어지므로 빈칸에는 ③ '대신에'가 들어가는 것이 가장 알맞다.

　① 예를 들어　　② 결국　　④ 게다가　　⑤ 하지만

**14** ⓐ에서 '~로 만들어지다'는 be made of를 써야 한다.

**15** Bennet 박사는 케첩을 좀 더 약처럼 보이게 만들기 위해서 알약으로 만들었다고 했다. (12~13행)

CHAPTER
# 02 | Summarizing

**정답**　　bite, fatal

뱀에 물려 죽었다는 클레오파트라의 사인에 대해 과학자들이 의심하고 있다는 내용의 글로 snake bite, fatal이 반복되는 핵심어구이다.

클레오파트라는 뱀에 물려 죽었다고 전해진다. 하지만 일부 과학자들은 코브라에 물리는 것이 대개 치명적이지 않기 때문에 동의하지 않는다.

**지문 해석**　이집트의 한 가지 전설적인 이야기는 클레오파트라가 뱀에 물려 죽었다는 것이다. 그녀는 이집트의 마지막 여왕이었다. 기원전 44년에 로마 황제 옥타비아누스가 이집트를 침략했을 때, 클레오파트라는 자살하기로 결심했다. 그래서 그녀는 뱀이 그녀와 두 명의 하인을 물게 했다. 하지만 일부 과학자들은 이 이야기에 의구심을 갖고 있다. 그들에 따르면, 코브라에 물린 것 중 오직 10%만이 치명적이다. 그리고 한 마리의 뱀이 잇따라서 치명적으로 세 번 무는 것을 할 수 없다. 그러면 그녀는 어떻게 죽었을까? 아무도 확신하지 못한다. 하지만 그녀와 그녀의 하인들은 아마 그냥 독을 삼켰을 것이다.

# 05

| 정답 | **1** ④ | **2** ③ | **3** ⑤ | **4** suffered, warmer, block |
|------|--------|--------|--------|------------------------------|

**문제 해설**

**1** 최근 몇 년간 혹한이 계속되고 있고 그것의 이유로 제트 기류의 약화를 설명하는 내용이므로 ④ '겨울은 왜 매우 추워졌는가'가 글의 주제로 가장 알맞다.

[문제] 무엇에 관한 글인가?
① 북극의 날씨
② 제트 기류의 역할
③ 전 세계의 변화하는 날씨
⑤ 북극은 어디에 있는가

**2** 북극의 따뜻해진 날씨가 제트 기류가 더 약해지는 원인이 되고 있다고 했다. (8~9행)

**3** 빈칸 앞에 치기운 북극 바람들이 남쪽으로 이동한다는 원인이 나와 있고, 빈칸 뒤에는 그 차가운 바람들이 남쪽 지역의 겨울을 훨씬 더 춥게 만든다는 결과가 나오므로 ⑤ '그 결과'가 가장 알맞다.

① 다시 말해서　　② 하지만　　③ 게다가　　④ 예를 들어

**4** 북극이 따뜻해지면서 제트 기류의 약화를 가져왔고 이것이 혹한의 원인이다는 것이 글의 요지로 이와 관계되는 핵심어들을 파악한다.

사람들은 최근에 매우 추운 겨울로 고통을 겪어왔다. 북극이 더 따뜻해지고 있고, 그것이 제트 기류를 약화시키는 원인이 되었다. 약해진 제트 기류는 차가운 북극 공기가 남쪽으로 하강하는 것을 막을 수 없다.

**구문 해설**

**06행** However, the Arctic is not **as cold as** it **used to be**.
- 〈as + 형용사/부사 + as〉는 동등 비교로 '~만큼 …한/하게'라는 뜻이다.
- 〈used + to부정사〉는 '~하곤 했다'라는 뜻으로 과거의 규칙적 습관을 나타내거나, '~이었다'라는 뜻으로 과거의 지속적인 상태를 나타낸다. 이 문장에서는 후자의 뜻으로 사용되었다.

**08행** The warmer weather is **causing** the jet stream **to become** weaker.
- 〈cause + 목적어 + to부정사〉는 '~가 …하는 원인이 되다'라는 뜻이다.

**09행** The jet stream **is made up of** strong winds **blowing from west to east**.
- be made up of는 '~로 구성되다'라는 뜻으로 make up of의 수동태이다.
- blowing from west to east는 현재분사구문으로 앞의 명사 winds를 뒤에서 수식한다.

**10행** It normally **blocks** the cold Arctic air **from going** south.
- 〈block + 목적어 + from + v-ing〉는 '~가 …하는 것을 막다/방지하다'라는 뜻이다.

**지문 해석**

최근 몇 년간 유럽, 아시아, 그리고 북미의 사람들은 극심한 추운 날씨로 고통을 겪어왔다. 이 얼어붙을 듯한 추위는 많은 사람을 사망에 이르게 했다. 무엇이 날씨를 변하게 했을까?

일부 과학자들은 북극이 역할을 한다고 말했다. 북극은 지구상에서 최북단 지역이다. 그곳의 날씨는 일 년 중 대부분이 춥고 눈이 내린다. 하지만 북극은 예전에 그랬던 것만큼 춥지 않다. 그것은 점점 더 빠르게 따뜻해지고 있다. 더 따뜻해진 날씨는 제트 기류가 더 약해지는 원인이 되고 있다. 제트 기류는 서쪽에서 동쪽으로 부는 강한 바람으로 이루어져 있다. 그것은 일반적으로 차가운 북극 공기가 남쪽으로 하강하는 것을 막는다.

하지만 제트 기류는 더 이상 강하지 않다. 그래서 차가운 북극의 바람들이 북극을 벗어나서 남쪽 지역으로 이동하고 있다. 그 결과 그것들은 유럽, 아시아, 그리고 북미 지역의 겨울을 평소보다 훨씬 더 춥게 만들고 있다.

# 06

서술형 핵심 문법　　How often do you go shopping?

---

정답　　**1** ③　　**2** (1) F (2) T　　**3** ④　　**4** balance　　**5** record, home, single

---

**문제 해설**　　**1** 집에서 도전해볼 수 있는 다양한 세계 기록들을 소개하는 내용이므로 ③ '당신은 당신의 집에서 세계 기록을 세울 수 있다'가 글의 요지로 가장 알맞다.

① 흥미로운 세계 기록들이 많이 있다.

② 연습은 세계 기록을 세우기 위한 비결이다.

④ 세계 기록을 깨는 것은 어렵다.

⑤ '세계 기록 기네스북'을 재미로 읽어라.

**2** (1) 한 손으로 한 개의 두루마리 화장지 빨리 풀기 세계 기록이 9.80초라고 했다. (7~9행)

(2) 한 손가락 위에 500ml 플라스틱병 26개를 올려 균형을 잡으면 세계 기록을 세울 수 있다고 했다. (11행)

**3** 콧바람이 아니라 입으로 한 번의 숨에 완두콩을 멀리 부는 것이 언급되었다. (11~12행)

**4** '어떤 것을 안정되게 만들어서 그것이 떨어지지 않게 하다'라는 뜻을 가진 단어는 balance(균형을 잡다)이다.

**5** 집에서도 세계 기록을 세울 수 있으며 그 예시로 집에서 할 수 있는 다양한 종목들을 소개한 글로 글의 요지와 관계되는 핵심어들을 파악한다.

당신은 당신의 집에서 세계 <u>기록</u>을 세울 수 있다. 당신은 두루마리 화장지를 쌓을 수 있고, <u>한 번의</u> 숨에 완두콩을 불 수 있으며, 또는 다른 활동을 할 수 있다.

**구문 해설**　　01행　You **do not need to be** a great athlete **to set** a world record.

• 〈need + to부정사〉는 '~할 필요가 있다, ~해야 한다'라는 뜻으로 부정문은 앞에 do not을 쓴다.

• to set은 to부정사의 부사적 용법의 목적으로 '~하기 위해서'라는 뜻이다.

03행　**There are** hundreds of world records **you can set from your home**.

• there is/are는 '~이 있다'라는 뜻으로 뒤에 나오는 명사의 수에 따라 is 또는 are를 쓴다.

• you can set from your home은 목적격 관계대명사가 생략된 형용사절로 선행사 records를 뒤에서 수식한다.

14행　Before you **try doing** that, **be sure to ask** your parents **for** permission.

• 〈try + v-ing〉는 '시험삼아 ~해보다'라는 의미로 '~하려고 애쓰다'라는 뜻의 〈try + to부정사〉와 구별해야 한다.

• 〈be sure + to부정사〉는 '반드시 ~하다'라는 뜻이다.

• 〈ask A for B〉는 'A에게 B를 요청하다'라는 뜻이다.

**지문 해석**　　당신은 세계 기록을 세우기 위해서 훌륭한 운동선수일 필요가 없다. '세계 기록 기네스북'을 읽어라. 당신이 당신의 집에서 세울 수 있는 수백 개의 세계 기록들이 있다.

여기에 한 가지가 있다. 당신은 30초 안에 얼마나 많은 두루마리 화장지를 서로 위에 쌓을 수 있는가? 세계 기록은 28개이다. 당신은 그것을 깰 수 있다고 생각하는가? 아니면 당신이 한 손으로 얼마나 빨리 두루마리 화장지 한 개를 풀 수 있는지 봐라. 세계 기록은 9.80초이다.

당신은 얼마나 많은 500ml 플라스틱병을 한 손가락 위에 올려 균형을 잡을 수 있는가? 세계 기록을 세우려면 당신은 26개를 균형 잡아야 한다. 아니면 한 번의 숨으로 완두콩을 7.51m 이상 부는 것을 해봐라. 그리고 이것은 어떠한가? 당신은 얼마나 빨리 10개의 빵조각에 버터를 바를 수 있는가? 세계 기록은 26.11초이다. 당신이 그것을 해보기 전에 반드시 당신의 부모님께 허락을 받아라.

# 07

| 정답 | **1** ③ | **2** ④ | **3** ② | **4** will be given to other companies |
|------|---------|---------|---------|----------------------------------------|

**문제 해설**

**1** 잃어버린 스마트폰을 돌려주기 위해서 누군가가 전화할 수 있으므로 스마트폰에 이름과 연락처와 같은 개인 정보를 넣어두라고 했다. (14~15행)

**2** 스마트폰을 잃어버렸을 때 찾는 방법을 설명하는 중에 (d) '그 사람은 그것을 돌려주는 대가를 기대할지도 모른다'는 내용은 글의 흐름과 무관하다.

**3** 많은 개인 정보가 들어 있는 스마트폰을 안전하게 지키기 위해 할 수 있는 여러 가지 방법들이 소개된 글로 글의 요지와 관계되는 핵심어들을 파악한다.
당신의 스마트폰은 당신의 <u>개인의</u> 정보를 가지고 있으며, 그것을 <u>보호하기</u> 위해서 당신이 할 수 있는 몇 가지 것이 있다.
① 공공의 – 잠그다    ③ 사적인 – 잘못 두다    ④ 연락 – 대답하다    ⑤ 은행 – 돌려주나

**4** 스팸 전화를 받으면 당신의 전화번호가 다른 회사들에 주어질 것이라고 했다. (10~11행)
Q: 당신이 스팸 전화를 받으면 무슨 일이 일어나는가?
A: 당신의 전화번호가 <u>다른 회사들에 주어질 것</u>이다.

**구문 해설**

07행 There are also more advanced locks **that** use fingerprints or irises.
• that은 주격 관계대명사로서 locks를 수식하는 형용사절을 이끈다.

09행 It **stops** advertisers **from** collecting your data.
• 〈stop + 목적어 + from + v-ing〉는 '～가 …하는 것을 막다'라는 뜻이다.

10행 If you do that, your number **will be given to** other companies.
• 〈will be + 과거분사〉는 미래시제의 수동태로 '～하게 될 것이다'라는 뜻이다.
• 〈give + 직접목적어 + to + 간접목적어〉는 '～에게 …을 주다'라는 뜻으로 이 문장은 직접목적어 your number가 주어 자리에 온 수동태 문장이다.

16행 Most importantly, be careful **not to misplace** your smartphone **at any time**.
• to misplace는 to부정사의 부사적 용법의 목적으로 '～하기 위해서'라는 뜻이다. to부정사의 부정은 to부정사 앞에 not을 쓴다.
• at any time은 '언제라도, 언제든지'라는 뜻이다.

**지문 해석**

스마트폰에는 많은 개인 정보, 사진, 이메일 계정, 그리고 심지어 은행 정보가 들어 있다. 그래서 당신은 당신의 정보를 비공개로 유지하기 위해서 항상 그것들을 안전하게 지킬 필요가 있다.
먼저, 당신은 4자리의 개인 식별 번호나 숫자 혹은 문자로 이루어진 비밀번호를 사용함으로써 당신의 스마트폰을 잠글 수 있다. 지문 또는 홍채를 사용하는 더 진보된 잠금장치도 있다. 다음으로, 당신의 스마트폰의 "사이트 간 추적 방지" 기능을 사용하라. 그것은 광고업체들이 당신의 정보를 수집하는 것을 막아준다. 스팸 전화 또한 받지 마라. 당신이 그렇게 한다면, 당신의 번호는 다른 회사들에 주어질 것이다.
만약 당신이 당신의 스마트폰을 잃어버린다면, 그것을 찾기 위해 스마트폰 찾기 기능 앱을 사용하라. 이 앱으로 당신은 당신의 기기를 잠글 수 있고, 그것의 현재 GPS 위치를 찾을 수 있다. 그리고 간단하게 당신의 이름과 연락처를 당신의 스마트폰에 넣어두라. 누군가가 당신의 잃어버린 스마트폰을 돌려주기 위해서 당신에게 전화할 수 있다. (그 사람은 그것을 돌려주는 대가를 기대할지도 모른다.) 가장 중요한 것은 언제든지 당신의 스마트폰을 잘못 두지 않도록 조심하라.

# 08

서술형 핵심 문법    I thought that he would come back soon.

| 정답 | **1** ⑤    **2** ④    **3** ④    **4** 마추픽추 유물들을 미국에 있는 예일 대학교로 가져가는 것<br>**5** agreement, artifacts, battle |
| --- | --- |

**문제 해설**

**1** 마추픽추 유물의 발견과 미국으로의 반출, 그리고 페루로 반환되기까지의 과정을 설명한 내용이므로 ⑤ '마추픽추 유물의 반환'이 글의 제목으로 가장 알맞다.

[문제] 글의 제목으로 가장 알맞은 것은?
① 마추픽추 고대 유적
② 위대한 탐험가, Hiram Bingham
③ 마추픽추 유물의 가치
④ Hiram Bingham의 발견

**2** Hiram Bingham은 페루 정부와 마추픽추 유물을 연구 목적으로 가져갈 수 있다는 협정을 맺었다고 했으므로 ④는 글의 내용과 일치하지 않는다. (9행)

**3** ⓓ는 페루와 예일 대학교를 가리키고, 나머지는 모두 마추픽추 유물들을 가리킨다.

**4** 문맥상 (a)는 앞 문장에 나온 내용, 즉 '마추픽추 유물들을 미국에 있는 예일 대학교로 가져가는 것'을 가리킨다.

**5** Hiram Bingham이 마추픽추 유물을 발견하여 예일 대학교로 가져간 일화와 나중에 페루에 반환되게 된 과정에 대한 내용으로 글의 요지와 관계되는 핵심어들을 파악한다.
Hiram Bingham은 마추픽추 유물들을 예일 대학교로 가져가기 위해 페루와 협정을 맺었다. 예일 대학교가 그것들을 돌려주는 것을 거부해서, 법정 싸움이 시작되었다. 마침내 유물들은 페루로 반환되었다.

**구문 해설**

**09행** But Yale **had to** return them when Peru **asked for** them **back**.
• had to는 have to의 과거형으로 '~해야 했다'라는 뜻이다.
• 〈ask for + 목적어 + back〉은 '~을 돌려 달라고 요구하다'라는 뜻이다.

**11행** However, when Peru requested the artifacts, Yale refused to **send** them **back**.
• send back과 같은 구동사의 목적어로 대명사가 올 경우 반드시 동사와 부사 사이에 온다.

**12행** The school **claimed that** it owned the items **despite** the agreement **between** Bingham **and** Peru's government.
• claim은 that절을 목적어로 취하는 동사로, 이때 접속사 that은 생략할 수 있다.
• 전치사 despite는 '~에도 불구하고'라는 뜻으로 뒤에 명사가 온다.
• 〈between A and B〉는 'A와 B 사이에'라는 뜻이다.

**지문 해석**    Hiram Bingham은 예일 대학교에서 온 탐험가였다. 1911년, 그는 페루에 있는 안데스산맥을 방문했다. 그곳에서 그는 마추픽추 고대 유적을 발견했다.
Bingham은 마추픽추에 여러 번 방문했고, 수천 개의 유물을 수집했다. 그것들은 도자기, 도구, 보석류, 그리고 인간의 뼈를 포함했다. 그리고 그는 그것들을 미국에 있는 예일 대학교로 가져갔다. 그렇게 하기 전에 그는 페루 정부와 협정을 맺었다. 그것은 그가 그 물품들을 연구하기 위해서 가져갈 수 있다고 명시했다. 그러나 페루가 그것들을 돌려달라고 요구할 때, 예일 대학교는 그것들을 돌려줘야 했다.
하지만 페루가 유물들을 요구했을 때, 예일 대학교는 그것들을 돌려보내는 것을 거부했다. 그 학교는 Bingham과 페루 정부 사이의 협정에도 불구하고 학교가 그 물품들을 소유한다고 주장했다. 이것은 페루와 예일 대학교의 긴 법정 싸움의 시작이었다. 2010년, 양측은 합의에 이르렀다. 마침내 마추픽추에서 온 유물 수집품들은 거의 100년이 지나서 고향으로 돌아올 수 있었다.

**ANSWER KEYS** | **11**

<table>
<tr><td>정답</td><td>

**1** ⑤　　**2** ④　　**3** ②　　**4** ③　　**5** has been　　**6** ⑤　　**7** This device keeps your body comfortable.　　**8** ③　　**9** How long can you balance on one leg?　　**10** ⑤　　**11** ①　　**12** 차가운 북극 공기가 남쪽으로 하강하는 것을 막는다.　　**13** ④　　**14** ③　　**15** thousands of artifacts

</td></tr>
</table>

문제 해설

**1** '누군가가 당신에게 하라고 요구한 것을 하지 않을 것이라고 말하다'라는 뜻을 가진 단어는 ⑤ refuse(거부하다)이다.

① 막다, 차단하다　　② 수집하다　　③ 잘못 두다　　④ 안전하게 지키다

**2** ①, ②, ③, ⑤는 반의어 관계인 반면 ④는 유의어 관계이다.

**3** escape from: ~에서 달아나다

**4** 수절과 종속절이 같은 시점일 경우 주절의 시제가 과거이면 종속절에도 과거시제를 쓴다. 하지만 불변의 진리의 경우에는 종속절에 현재시제를 쓴다.

• 나는 당신이 세계 기록을 세울 수 있다고 믿었다.

• 나는 지구가 태양 주위를 돈다고 배웠다.

**5** 과거에 시작된 일이 현재까지 계속되고 있을 때 〈have + 과거분사〉 형태의 현재완료를 쓴다.

어제 비가 내리기 시작했다. 지금도 여전히 비가 내리고 있다.

→ 어제부터 비가 내리고 있다.

**6** ⑤에서 주절과 종속절이 같은 시점일 경우 주절의 시제가 과거이면 종속절에도 과거시제를 써야 하므로 will의 과거형인 would를 써야 한다.

① 그는 얼마나 많은 유물을 수집했는가?

② 그녀는 서울에서 10년 동안 살고 있다.

③ 그는 그 기록을 깰 수 있다고 말했다.

④ 이 기능은 당신의 스마트폰을 안전하게 유지해준다.

⑤ 나는 그가 더 많은 정보를 요청할 것으로 생각했다.

**7** keep + 목적어 + 형용사: ~을 …하게 유지하다

**8** ③의 현재완료는 '~해오고 있다'는 계속의 의미로 쓰였지만, 나머지는 '~한 적이 있다'라는 경험의 의미로 쓰였다.

① 나는 뉴욕에 간 적이 없다.

② 그녀는 한국을 한 번 방문했다.

③ 당신은 얼마나 오랫동안 그 호텔에서 지내고 있는가?

④ 나는 전에 그 영화를 본 적이 있다.

⑤ 당신은 전에 그 소문을 들어 본 적이 있는가?

**9** how 뒤에 형용사나 부사가 오면 '얼마나 ~한/하게'라는 뜻이며 '얼마나 오랫동안'은 how 뒤에 부사 long을 쓴다.

[10-12] p.20 **05** 지문 해석 참고

**10** ⓔ는 제트 기류를 가리키지만, 나머지는 모두 북극을 가리킨다.

**11** 제트 기류가 더 이상 강하지 않다는 (B), 그래서(So) 북극의 차가운 공기가 남쪽으로 하강한다는 (C), 그 결과(As a result) 남쪽 지방의 겨울이 훨씬 더 추워지고 있다는 (A)의 내용으로 이어지는 것이 자연스럽다.

**12** 제트 기류는 일반적으로 차가운 북극 공기가 남쪽으로 하강하는 것을 막는다고 했다. (13~15행)

[13-15] p.26 **08** 지문 해석 참고

**13** Bingham이 수집한 마추픽추 유물에 도자기, 도구, 보석류, 그리고 인간의 뼈가 포함되어 있다고 했지만 미술품은 언급되지 않았다.

**14** '그렇게 하기 전에 그는 페루 정부와 협정을 맺었다'는 주어진 문장은 협정의 내용을 설명하기 전인 ③에 오는 것이 가장 알맞다.

**15** 문맥상 ⓐ는 두 번째 문단의 첫 문장에 나온 thousands of artifacts(수천 개의 유물)를 가리킨다.

CHAPTER
# 03 | Understanding Feelings

**내신 실전 적용 독해**                                                    p.30

**정답**   ②

보트 여행이 시작된 글의 전반부에는 bored, typical, did not enjoy라는 표현들이 나왔다가 보트가 운하로 이동한 However 이후에는 impressive, incredible 같은 표현들로 바뀐 것으로 보아 글쓴이의 심경 변화는 ② '실망한 → 신이 난'이 가장 알맞다.
① 걱정하는 → 안도하는
③ 즐거운 → 당황스러운
④ 속상한 → 희망에 찬
⑤ 흥미로워하는 → 지루한

**지문 해석**   보트 투어가 시작되었을 때, 나는 정말로 지루했다. 나는 일반적인 식물들과 몇 개의 바윗돌만을 보았다. 날씨 또한 덥고 습해서, 나는 전혀 아무것도 즐기지 못했다. 하지만 보트가 운하로 이동했을 때, 한 사람이 "정글을 보세요."라고 소리쳤다. 모든 것이 완전히 달랐다. 우리는 운하를 따라 항해하면서, 하늘로 높이 뻗어 있는 인상적인 나무들을 보았다. 또한 다채로운 색의 조류, 원숭이, 그리고 뱀과 같은 정글 동물들도 있었다. 나는 "이것은 믿을 수가 없어."라고 크게 소리 내어 말했다.

# 09                                                                    p.33

| 정답 | 1 ② | 2 ⑤ | 3 ③ | 4 곧 폭풍을 지나게 되므로 모두 안전띠를 착용하라는 것 |
|---|---|---|---|---|

**문제 해설**   **1** 글쓴이가 하와이로 가는 비행기에서 겪은 폭풍에 관한 이야기이므로 ② '무서운 비행 경험'이 글의 주제로 가장 알맞다.
① 하와이로의 신나는 여행
③ 비행 중 폭풍의 영향
④ 비행기 추락 사고에서 살아남은 이야기
⑤ 폭풍 속에서 조종사의 역할

**2** 폭풍이 끝났다는 조종사의 두 번째 안내 방송이 나온 후 나머지 비행은 평온했다고 했으므로 ⑤는 글의 내용과 일치하지 않는다. (11~12행)

**3** 폭풍에 의해서 비행기가 갑자기 빠르게 하강하는 상황에서 screamed, going to crash와 같은 표현들이 나왔다가 하강이 멈추고 relief, happy와 같은 표현들로 바뀐 것으로 보아 글쓴이의 심경 변화는 ③ '겁에 질린 → 안도하는'이 가장 알맞다.

① 조심스러운 → 편안한

② 혐오감을 느끼는 → 행복한

④ 충격을 받은 → 만족하는

⑤ 걱정하는 → 혼란스러운

**4** ⓐ '안내 방송'의 내용은 이어지는 문장들에서 설명된 '곧 폭풍을 지나게 되므로 모두 안전띠를 착용하라는 것'이다.

**구문 해설**

04행 He **wanted** everyone **to put on** their seatbelts.
- 〈want + 목적어 + to부정사〉는 '~가 …하기를 원하다'라는 뜻이다.
- put on은 '~을 입다/착용하다'라는 뜻이다.

07행 I held on to my seat **as** the plane **continued to fall** from the sky.
- as는 시간을 나타내는 접속사로 '~할 때, ~하는 동안'이라는 뜻이다.
- continue는 to부정사와 동명사를 모두 목적어로 취하는 동사로 '계속 ~하다'라는 뜻이다.

13행 I felt so **happy to be** on the ground.
- 감정을 나타내는 형용사 뒤에 오는 to부정사는 '~하게 되어 …한'이라는 뜻으로 감정의 원인을 나타내는 to부정사의 부사적 용법이다.

**지문 해석**

하와이로 향하는 우리의 비행이 반이 지났다. 나는 나의 휴가를 고대하고 있었다. 그때 조종사가 안내 방송을 했다. 그는 우리가 막 폭풍을 지날 참이라고 말했다. 그는 모든 사람이 안전띠를 착용하기를 원했다. 바로 그때 비행기가 흔들리기 시작했다. 우리는 폭풍 속에 있었다.

비행기는 갑자기 빠르게 하강했다. 나는 토해야 할 것 같은 기분이 들었다. 비행기는 점점 더 낮게 하강했다. 일부 승객들은 비명을 질렀다. 비행기가 하늘에서 계속 떨어지는 동안 나는 좌석을 꼭 붙잡았다. 우리는 점점 더 아래로 내려갔다. 나는 우리가 추락할 것으로 생각했다.

잠시 후에 비행기는 하강하는 것을 멈췄다. 조종사는 또 다른 안내 방송을 했다. 그는 폭풍이 끝났다고 말했다. 비행기는 다시 위로 올라가기 시작했다. 나머지 비행은 평온했다. 우리가 마침내 공항에 착륙했을 때, 나는 안도의 한숨을 크게 쉬었다. 나는 땅 위에 있게 되어 매우 기뻤다.

# 10

pp.34~35

**서술형 핵심 문법**   This winter will be as cold as last winter.

| 정답 | **1** ④ | **2** ② | **3** ⑤ | **4** available | **5** a double room, an ocean view |
|---|---|---|---|---|---|

**문제 해설**

**1** 배정받은 객실이나, 객실 상태, 룸서비스 등 필자가 호텔에서 겪은 여러 가지 불쾌한 일에 관해 호텔에 항의하고자 편지를 쓴 것이다.

**2** 빈칸 앞 문장에서 바다가 보이는 전망의 방을 받기로 되어 있었다고 했는데, 빈칸 뒤에서 배정받은 객실은 도시 전망이었다는 상반되는 내용이 나오므로 빈칸에는 ② '대신에'가 들어가는 것이 가장 알맞다.

① 게다가     ③ 예를 들어     ④ 그러므로     ⑤ 그렇지 않으면

**3** 필자가 호텔에서 겪은 여러 가지 불쾌한 일과 unpleasant, terrible과 같은 부정적인 단어가 반복되는 것으로 보아 필자의 심경은 ⑤ '화가 난'이 가장 알맞다.

① 감사하는     ② 수치스러운     ③ 당황스러운     ④ 흥미로워하는

**4** '구매되거나 사용될 준비가 되고 그럴 수 있는'이라는 뜻을 가진 단어는 available(이용할 수 있는)이다.

**5** 글쓴이는 2인용 방을 예약했으나 1인용 객실만 이용 가능했으며, 바다가 보이는 전망의 방을 받기로 되어 있었지만 그의 방은 도시 전망이었다고 했다. (4～6행)

Q: Mark Wilson은 어떤 종류의 방을 예약했는가?

A: 그는 <u>바다가 보이는 전망</u>의 <u>2인용</u> 방을 예약했다.

**구문 해설**

05행 I **was supposed to get** a room **with an ocean view**.
- be supposed to는 '～하기로 되어 있다'라는 뜻으로 뒤에 동사원형이 온다.
- with가 이끄는 전치사구가 room을 수식하고 있다.

07행 The room was also not **as clean as** it **should have been**.
- 〈as + 형용사/부사 + as〉는 동등 비교로 '～만큼 …한/하게'라는 뜻이다.
- 〈should have + 과거분사〉는 '～했어야 했다'라는 뜻으로 과거에 대한 후회 또는 아쉬움을 나타낸다.

08행 The people **in the room** beside **mine** were very loud, so I could not sleep well.
- 전치사구 in the room은 앞의 명사 people을 수식한다.
- 소유대명사 mine은 〈my + 명사〉로 바꿀 수 있으며, 여기서는 my room으로 바꿔 쓸 수 있다.

10행 On my last day, I **asked** the front desk employee **to call** a taxi.
- 〈ask + 목적어 + to부정사〉는 '～에게 …할 것을 요청하다/부탁하다'라는 뜻이다.

**지문 해석**

담당자님께,

저의 이름은 Mark Wilson입니다. 저는 최근에 귀 호텔에 머물렀고 불쾌한 경험을 했습니다.

먼저, 저는 2인용 방을 예약했습니다. 하지만 제가 도착했을 때, 접수 담당자는 오직 1인용 객실만 이용할 수 있다고 말했습니다. 저는 바다가 보이는 전망의 방을 받기로 되어 있었습니다. 대신에 제 방은 도시 전망이었습니다. 방은 마땅히 그래야 했던 것만큼 청결하지도 않았습니다.

제 방 옆 객실의 사람들은 매우 시끄러워서, 저는 잠을 잘 잘 수가 없었습니다. 저는 룸서비스를 시켰으나, 음식의 맛은 끔찍했고 가격은 너무 비쌌습니다. 마지막 날, 저는 안내 데스크 직원에게 택시를 불러 달라고 요청했습니다. 하지만 그녀가 그렇게 하지 않아서, 저는 공항에 도착하는 데 늦었습니다.

저는 귀 호텔에 머물렀기 때문에 끔찍한 휴가를 보냈습니다. 저는 절대 다시는 비슷한 경험을 하고 싶지 않습니다.

Mark Wilson

# 11

p.37

| 정답 | **1** ② | **2** (1) T (2) F | **3** ④ | **4** straight |
|------|---------|-------------------|---------|----------------|

**문제 해설**

**1** 가족들의 입이 각각 다른 방향으로 비뚤어져 있다고는 했지만, 그 이유에 관해서는 언급되지 않았다.
① 가족 구성원은 몇 명이었는가? (1행)
② 왜 그들의 입은 비뚤어져 있는가? (언급되지 않음)
③ 장남의 이름은 무엇이었는가? (4～5행)
④ 누가 먼저 촛불을 끄는 것을 시도했는가? (9행)
⑤ 누가 촛불을 끌 수 있었는가? (12～13행)

**2** (1) 다섯 명의 가족 중 네 명은 비뚤어진 입을 갖고 있었고, 장남인 John만 평범한 입을 갖고 있었다고 했다. (1～5행)

(2) John의 입은 똑바랐기 때문에 촛불이 꺼졌다고 했다. (12~13행)

**3** 입이 비뚤어진 가족이라는 설정과 John의 입이 똑바르기 때문에 촛불을 끌 수 있었던 것인데, 아버지는 John
이 대학을 다녀서 할 수 있었다고 말하는 상황으로 이 글의 분위기는 ④ '우스운'이 가장 알맞다.

① 신비한 　　② 무서운 　　③ 평화로운 　　⑤ 우울한

**4** normal은 '평범한, 보통의'라는 뜻으로 John만 비뚤어지지 않은 평범한 똑바른 입을 갖고 있으므로 straight
(곧은, 똑바른)와 바꿔 쓸 수 있다.

구문 해설　06행　When John **got older**, his parents **sent** him **to** college.
- 〈get + 비교급〉은 '더 ~해지다'라는 뜻으로 get은 become과 바꿔 쓸 수 있다.
- 〈send + 목적어 + to + 장소〉는 '~을 …으로 보내다'라는 뜻이다.

07행　When **it was time for** bed, they needed to blow out the candle.
- it은 비인칭주어로 시간, 날짜, 요일, 계절, 거리, 명암 등을 말할 때 쓰며 '그것'이라고 해석하지 않는다.
- 〈it is time for + 명사〉는 '~할 시간이다'라는 뜻이다. 같은 의미로 〈it is time + to부정사〉를 사용할 수
있다.

12행　Then, John blew **as hard as he could**.
- 〈as + 형용사/부사 + as one can〉은 '할 수 있을 만큼 최대한 ~한/하게'라는 뜻이다. 〈as + 형용사/부사
+ as possible〉로 바꿔 쓸 수 있다.

14행　Then, he said, "Children, now do you understand **how important it is to go to college**?"
- understand의 목적어로 간접의문문이 와서 〈의문사 + 주어 + 동사〉의 어순이다.
- 의문사 how는 뒤에 형용사나 부사가 오면 '얼마나 ~한지'라는 뜻이다.
- to부정사구가 주어일 때 문장 뒤로 보내고 주어 자리에 가주어 it을 쓴다.

지문 해석　옛날에 다섯 명의 가족이 있었다. 네 명의 가족 구성원들은 비뚤어진 입을 갖고 있었다. 그들의 입은 위로,
아래로, 왼쪽으로, 그리고 오른쪽 각각 다른 방향으로 비뚤어져 있었다. 오직 장남인 John만 평범한 입을
갖고 있었다.

John이 더 나이가 들자 그의 부모님은 그를 대학에 보냈다. 방학 동안 그는 집에 와서 모두에게 대학 생
활에 관한 이야기를 해 주었다. 잠잘 시간이 되자, 그들은 촛불을 불어서 꺼야 했다.

아버지가 그것을 하려고 애썼지만, 그의 입은 비뚤어져 있었다. 어머니가 다음으로 시도했지만, 그녀도
또한 그것을 끄지 못했다. John의 남동생과 여동생 둘 다 시도해봤다. 그들의 비뚤어진 입 때문에 아무도
촛불을 불어서 끌 수 없었다. 그때 John은 할 수 있을 만큼 최대한 세게 입으로 불었다. 그의 입은 똑바랐기
때문에 촛불은 꺼졌다.

John의 아버지는 그의 어린아이들을 보았다. 그러더니 그는 "애들아, 대학에 가는 것이 얼마나 중요한지
이제 알겠지?"라고 말했다.

# 12

서술형 핵심 문법　The movie which we watched was a horror movie.

| 정답 | 1 ④ 　2 ① 　3 ③ 　4 my heart beats faster and faster 　5 the writer's father |
| --- | --- |

문제 해설　**1** 친구의 집에서 무엇을 했는지는 언급되지 않았고, 공포영화는 집으로 돌아오는 길에 떠올랐다는 것을 얘기하고
자 언급된 것으로 ④는 글의 내용과 일치하지 않는다. (7행)

**2** 글쓴이가 밤늦게 혼자 집으로 돌아가는 길에 겪었던 일을 이야기하는 중에 (a) '공포물은 내가 가장 좋아하는 영화 장르이다'라는 내용은 글의 흐름과 무관하다.

**3** 밤늦게 혼자 집으로 돌아오는 상황에서 darker, alone, horror movies, knees start shaking, feet are frozen과 같은 표현들이 나왔다가 마지막에 my father smiling이 나오는 것으로 보아 글쓴이의 심경 변화는 ③ '무서워하는 → 안도하는'이 가장 알맞다.

① 외로운 → 쾌활한

② 희망적인 → 실망한

④ 지루한 → 긴장한

⑤ 걱정하는 → 혼란스러운

**4** '점점 더 ~한/하게'는 〈비교급 + and + 비교급〉 구문을 쓴다.

**5** 남자가 글쓴이의 이름을 말해서 올려다보니 글쓴이의 아버지가 미소 짓고 있었다고 했다. (13~14행)

Q: 그 남자는 어떻게 글쓴이의 이름을 알았는가?

A: 그 남자는 글쓴이의 아버지이다.

**구문 해설**

**01행** **It** is late at night **as** I leave my friend's house.

- 비인칭주어 it은 시간, 날짜, 요일, 계절, 거리, 명암 등을 말할 때 쓰며 '그것'이라고 해석하지 않는다.
- as는 시간을 나타내는 접속사로 '~할 때'라는 뜻이다.

**05행** I am **alone while** I am walking home.

- alone은 '혼자, 홀로'라는 뜻의 형용사로 보어 역할을 하는 서술적 용법으로만 쓰인다.
- 접속사 while은 동시 상황을 나타내어 '~하는 동안에'라는 뜻이다.

**09행** Suddenly, I **see** a man **standing between** my house **and** me.

- 〈see + 목적어 + 목적격보어〉는 '~가 …하는 것을 보다'라는 뜻으로 목적격보어 자리에 동사원형이나 현재분사가 올 수 있다. 현재분사가 오면 동작이 진행 중임을 나타낸다.
- 〈between A and B〉는 'A와 B 사이에'라는 뜻이다.

**11행** But my heart beats **faster and faster**, and my knees **start shaking**.

- 〈비교급 + and + 비교급〉은 '점점 더 ~한/하게'라는 뜻이다.
- start는 to부정사와 동명사를 모두 목적어로 취하는 동사이다.

**지문 해석**  내가 친구의 집을 나설 때는 밤이 깊었다. 내 집은 세 블록 떨어져 있다. 오늘 밤에는 달이 뜨지 않았다. 그리고 하늘은 흐려서, 평소보다 더 어둡다. 길에는 아무도 없고, 모든 것이 조용하다. 집으로 걸어가는 동안에 나는 혼자이다.

내가 보았던 몇 편의 공포영화들이 떠오른다. (공포물은 내가 가장 좋아하는 영화 장르이다.) 나는 모퉁이를 돌아 집으로부터 단지 한 블록 떨어져 있다. 갑자기 나는 한 남자가 내 집과 나 사이에 서 있는 것을 본다. 나는 그가 나를 쳐다보고 있는 것 같은 느낌이 든다. 나는 숨을 쉬고, 평소처럼 걸으려고 애쓴다. 그러나 내 심장은 점점 더 빠르게 뛰고, 무릎은 떨리기 시작한다.

그는 나를 향해 걷기 시작한다. 그가 더 가까이 올수록, 나는 달아나고 싶다. 그러나 나의 발은 움직이지 않는다. 그 남자는 내 바로 앞까지 걸어온다. 그러더니 그는 나의 이름을 말한다. 나는 올려다보고 아빠가 미소 짓고 있는 것을 본다.

# 내신 대비 실전 Test

pp.40~41

| 정답 | 1 straight  2 ④  3 ②  4 ④  5 (which/that) I ordered  6 ①  7 ⑤<br>8 The classroom was as loud as an amusement park.  9 The day will get shorter and shorter.  10 ④  11 ③  12 descended  13 ⑤  14 ①, ③  15 안내 데스크 직원이 택시를 불러주지 않아서 |
|---|---|

**문제 해설**

**1** straight(곧은, 똑바른): 구부러지거나 휘지 않고 한 방향으로 있는
종이 위에 직선을 그려라.

**2** calm과 quiet은 유의어 관계이므로 빈칸에는 enormous(거대한, 엄청난)의 유의어 ④ huge(거대한, 아주 큰)가 알맞다.

**3** come to mind: 떠오르다, 생각나다

**4** since는 시간을 나타내는 접속사로 '~한 이후로'라는 의미로 쓰이거나, 이유를 나타내는 접속사로 '~ 때문에'라는 의미로 쓰인다.
• 나는 아팠기 때문에 학교에 가지 않았다.
• 그는 어렸을 때부터 재능이 있었다.
① 만약 ~한다면  ② ~할 때  ③ ~할 때까지  ⑤ ~ 때문에

**5** 목적격 관계대명사를 사용하여 한 문장으로 표현할 수 있는데 선행사(food)가 사물이므로 which나 that을 쓴다. 목적격 관계대명사 뒤에는 〈주어 + 동사〉가 오고 목적격 관계대명사는 생략할 수 있다.
나는 약간의 음식을 주문했다. 그 음식은 맛이 아주 좋았다.
→ 내가 주문한 그 음식은 맛이 아주 좋았다.

**6** ①은 비교하는 두 대상이 비슷하거나 같을 때 쓰는 동등 비교로 as와 as 사이에는 형용사의 원급인 fast를 써야 한다.
① 그의 자동차는 당신의 자동차만큼 빠르다.
② 내가 예약한 방은 바다가 보이는 전망이었다.
③ 모든 것이 점점 더 좋아질 것이다.
④ 비가 왔기 때문에 소풍은 취소되었다.
⑤ 그 호텔은 과거에 그랬던 것만큼 조용하지 않다.

**7** 목적격 관계대명사의 선행사가 사물일 때는 which, 사람일 때는 who(m)를 쓰며, that은 사람, 사물일 때 모두 쓸 수 있다. 목적격 관계대명사 뒤에는 〈주어 + 동사〉가 온다.
• 나는 네가 추천해 준 영화를 보았다.
• 내가 말을 건 그 남자는 내 삼촌이다.

**8** as + 형용사/부사 원급 + as: ~만큼 …한/하게

**9** 비교급 + and + 비교급: 점점 더 ~한/하게

**[10-12]** p.32 **09** 지문 해석 참고

**10** '바로 그때 비행기가 흔들리기 시작했다'는 주어진 문장의 'Just then'은 조종사가 안내 방송을 했을 때이므로 안내 방송이 나온 다음인 ④에 들어가는 것이 가장 알맞다.

**11** 무서웠던 비행을 마치고 공항에 착륙했을 때 안도의 한숨을 크게 쉬었다고 했으므로 빈칸에는 ③ '기쁜'이 들어가는 것이 가장 알맞다.
① 슬픈  ② 기분이 상한  ④ 화가 난  ⑤ 긴장한

**12** drop은 '떨어지다'라는 뜻으로 글에 나온 descend(내려가다, 하강하다)와 바꿔 쓸 수 있다.

**[13-15]** p.34 **10** 지문 해석 참고

**13** 글쓴이가 호텔에서 겪은 불쾌한 경험의 내용으로 호텔의 위치에 관한 것은 언급되지 않았다.

**14** 룸서비스로 시킨 음식의 맛은 끔찍했고, 가격은 너무 비쌌다고 했다. (11~13행)

**15** 글쓴이가 안내 데스크 직원에게 택시를 불러 달라고 요청했는데 그렇게 하지 않아서 공항에 도착하는 데 늦었다고 했다.

CHAPTER
# 04 | Connecting Words

내신 실전 적용 독해                                                              p.42

**정답**   ③

빈칸 앞에는 새끼 새들이 어미 새와 유대 관계를 형성하는 각인이라는 보편적인 과정이 설명되었고 빈칸 뒤에는 어미 새가 근처에 없어서 어미 새와 유대 관계를 형성하지 못하는 예외적인 경우가 나와 대조를 이루므로 ③ '하지만'이 들어가는 것이 가장 알맞다.

① 예를 들어       ② 사실은       ④ 그러므로       ⑤ 게다가

**지문 해석**   새들이 알에서 부화할 때, 그들은 어미 새와 즉각적으로 유대 관계를 형성한다. 그들은 어떻게 살아가야 하는지에 대한 정보를 얻기 위해 이러한 유대 관계를 이용한다. 이것은 '각인'이라고 불린다. 하지만 때때로 새끼 새들의 어미가 근처에 없다. 그럴 때 새끼 새들은 그들이 본 첫 번째 동물 혹은 움직이는 물체와 유대 관계를 형성한다. 이것은 개, 사람, 또는 심지어 장난감 기차일 수도 있다. 연구자들은 또한 동물들이 다른 엄마와 유대 관계를 형성하면 성장하는 데 종종 어려움을 겪는다는 것도 알게 되었다.

# 13
                                                                                       p.45

| 정답 | 1 ④   2 ⑤   3 ② | **4** performs very basic sensory functions |
|---|---|---|

**문제 해설**   **1** 바퀴벌레가 머리 없이도 수 주 동안 살 수 있다는 놀라운 사실과 그것이 가능한 이유를 설명한 내용이므로 ④ '어떻게 바퀴벌레는 머리 없이 생존할 수 있는가'가 제목으로 가장 알맞다.

① 왜 인간은 머리 없이 살 수 없는가

② 변온동물의 특징

③ 바퀴벌레 몸의 기관들과 그것들의 기능

⑤ 바퀴벌레와 인간의 차이점

**2** 바퀴벌레는 변온동물이라서 먹지 않고도 오랜 기간 생존할 수 있다고는 했지만 추운 곳에서 잘 살 수 있는지는 언급되어 있지 않다. (14~15행)

**3** 빈칸이 있는 절은 부사절로 주절의 이유를 설명해주고 있으므로 빈칸에는 원인을 나타내는 접속사 ② '~ 때문에'가 들어가는 것이 가장 알맞다.

① 만약 ~한다면

③ ~하는 동안에, ~인 반면에

④ 만약 ~하지 않는다면

⑤ ~에도 불구하고

**4** 바퀴벌레의 뇌는 단순하며 매우 기본적인 감각 기능을 수행하므로 생존에 필요하지 않다고 했다. (13~14행)

Q: 왜 바퀴벌레의 뇌는 생존에 필수적이지 않은가?

A: 그것은 <u>매우 기본적인 감각 기능을 수행하기</u> 때문에

**구문 해설**

01행 Cockroaches are **some of the most** impressive **animals** on the Earth.

• ⟨one/some of the + 최상급 + 복수명사⟩는 '가장 ~한 …중의 하나/일부'라는 뜻이다.

06행 First, humans **need to breathe** through their mouth and nose.

• ⟨need + to부정사⟩는 '~할 필요가 있다, ~해야 한다'라는 뜻으로 ⟨have + to부정사⟩와 바꿔 쓸 수 있다.

11행 **The same is** not **true for** roaches.

• ⟨The same is true for ~⟩는 '~도 마찬가지이다'라는 뜻이디.

**지문 해석**

바퀴벌레들은 지구상에서 가장 인상적인 동물 중의 일부이다. 그들은 약 40분 동안 숨을 참을 수 있다. 그들은 먹이 없이 수 주 동안 생존할 수 있다. 그리고 그들은 심지어 머리 없이도 수 주 동안 살 수 있다. 어떻게 그들은 머리 없이 살 수 있을까?

사람들이 머리 없이 사는 것은 불가능하다. 먼저, 사람들은 그들의 입과 코를 통해 숨을 쉬어야 한다. 사람들은 또한 먹기 위해서 그들의 입을 사용해야 한다. 마지막으로, 뇌는 몸의 많은 기능을 제어한다. 입, 코, 그리고 뇌가 모두 머리에 있기 때문에, 사람들은 그것 없이는 살 수 없다.

바퀴벌레는 그렇지 않다. 그들은 숨을 쉬기 위해서 머리가 필요하지 않다. 대신에 그들은 온몸에 있는 많은 구멍을 통해 숨을 쉰다. 바퀴벌레는 또한 단순한 뇌를 가지고 있다. 그것은 매우 기본적인 감각 기능을 수행하므로, 그것은 생존에 필요하지 않다. 그리고 바퀴벌레는 변온동물이므로, 그들은 먹지 않고도 오랜 기간 생존할 수 있다.

# 14

**서술형 핵심 문법**  His dream is to become a brave soldier.

pp.46~47

| 정답 | **1** ② **2** ③ **3** ④ **4** 매일 16시간 동안 내리 금식하고 8시간 동안 먹기, 일주일의 이틀은 금식하고 5일은 평소대로 먹기 **5** Intermittent fasting, effects, trend |
| --- | --- |

**문제 해설**

**1** 빈칸 앞에는 간헐적 단식의 첫 번째 방법이 소개되었고, 빈칸 뒤에서 이에 대한 구체적인 예시가 나오고 있으므로 빈칸에는 ② '예를 들어'가 들어가는 것이 가장 알맞다.

① 요약하면  ③ 그러므로  ④ 하지만  ⑤ 반면에

**2** 간헐적 단식이 당뇨병과 암과 같은 질병으로부터 보호 준다고는 했지만 다양한 질병을 치료해 준다는 것은 글에서 언급되지 않았다.

① 몸의 회복 (9~10행)

② 체중 감소 (10~11행)

③ 다양한 질병 치료 (언급되지 않음)

④ 유전자 기능 개선 (13~14행)

⑤ 수명 연장 (14행)

**3** 간헐적 단식의 긍정적인 영향의 예를 나열하는 중에 (d) '그것들은 오늘날 가장 흔한 질병들이다'라는 내용은 글의 흐름과 무관하다.

**4** 매일 16시간 동안 내리 금식하고 8시간 동안 먹는 것과 일주일의 이틀 동안은 금식하고 나머지 5일은 평소대로 먹는 방법이 제시되었다. (5~8행)

**5** <u>간헐적 단식</u>은 하루에 특정한 시간 또는 매주 특정한 날에 금식하는 것을 포함한다. 그것은 몸에 많은 좋은 <u>영향들</u>을 주어서, 인기 있는 <u>추세</u>가 되었다.

**구문 해설**

01행 **Have** you **ever heard** of intermittent fasting?
  • 〈Have + 주어 + (ever) + 과거분사〉는 '~해 본 적이 있나요?'라는 뜻의 현재완료 시제로 경험을 물어볼 때 사용된다.

01행 It is an eating pattern **that** involves periods of fasting and eating.
  • 주격 관계대명사 that이 이끄는 형용사절이 앞의 명사 pattern을 수식한다.

09행 It can **help** the body **repair itself**.
  • 〈help + 목적어 + (to)동사원형〉은 '~가 …하는 것을 돕다'라는 뜻이다.
  • 재귀대명사 itself는 문장의 목적어(the body)와 같은 대상을 repair의 목적어로 사용하기 위해 쓰였다.

11행 And it **protects against** diseases **like** diabetes and cancer.
  • 〈protect + (목적어) + against〉는 '~로부터 (…을) 보호하다'라는 뜻이다.
  • 전치사 like는 '~와 같은'이라는 뜻으로 예시를 나타낼 때 사용한다. like가 이끄는 전치사구는 명사 diseases를 수식한다.

**지문 해석**

당신은 간헐적 단식에 대해 들어 본 적이 있는가? 그것은 금식과 먹는 기간을 포함하는 하나의 식이 패턴이다. 요즘에 그것은 인기 있는 건강에 관한 추세이다.

간헐적 단식을 하는 두 가지 보편적인 방법이 있다. 첫 번째는 매일 16시간 동안 내리 금식하고, 8시간 동안 먹는 것이다. 예를 들어, 사람들은 오후 2시와 10시 사이에는 먹지만, 그런 다음 그날의 나머지 시간 동안은 아무것도 먹지 않을 수 있다. 두 번째 방법은 일주일의 이틀 동안은 온종일 아무것도 먹지 않지만, 일주일의 나머지 5일은 평소대로 먹는 것이다.

간헐적 단식은 몸에 많은 긍정적인 영향을 준다. 그것은 몸이 스스로 회복하는 것을 도울 수 있다. 그것은 또한 몸이 축적된 지방을 사용하도록 도와서, 사람들은 체중을 감량할 수 있다. 그리고 그것은 당뇨병과 암과 같은 질병으로부터 보호한다. (그것들은 오늘날 가장 흔한 질병들이다.) 그것은 또한 유전자의 기능을 개선해 사람들이 더 오래 살 수 있도록 돕는다.

# 15

p.49

| 정답 | 1 ④ | 2 ⑤ | 3 ② | 4 게르에서 홈스테이를 하는 것 |
|---|---|---|---|---|

**문제 해설**

**1** 첫 번째 단락에 몽골인들의 전통적인 집인 게르에서 홈스테이를 하며 휴가를 보내는 것을 제안하려는 글의 목적이 잘 나타나 있다.

**2** 게르가 언제, 누구에 의해서 처음 만들어졌는지는 글에 언급되어 있지 않다.

**3** 빈칸 앞에서 13세기 이후 수 세기 동안 게르의 외관이 변하지 않았다고 했고, 빈칸 뒤에는 칭기즈칸의 병사들도 비슷한 게르에서 잠을 잤다는 사실로 이를 뒷받침하고 있으므로 ② '사실'이 들어가는 것이 가장 알맞다.
  ① 게다가   ③ 대신에   ④ 예를 들어   ⑤ 그러므로

**4** This는 세 번째 단락 전체에서 예를 들어 설명하고 있는 게르에서 홈스테이를 하는 것을 가리킨다.

**구문 해설**

03행 Most Mongolians **live nomadic lives**, so they wander **from place to place**.
- live a life는 '삶을 살다'라는 뜻으로, 명사 life 앞에 형용사가 오면 '~한 삶을 살다'라는 뜻이 된다.
- from place to place는 '여기저기, 이곳저곳'이라는 뜻이다.

04행 They take their homes, **called** gers, with them when they move.
- called 앞에는 계속적 용법의 관계대명사 which와 are가 생략된 형태로 앞에 나온 명사 homes를 보충 설명한다.

07행 In fact, the Mongol soldiers **who** were led by Genghis Khan slept in similar gers.
- who는 주격 관계대명사로 문장의 주어인 the Mongol soldiers를 수식하는 절을 이끌고 있다. 이 문장의 동사는 slept이다.

12행 You can **help** your homestay family **look after** the animals.
- 〈help + 목적어 + (to)동사원형〉은 '~가 …하는 것을 돕다'라는 뜻이다.
- look after는 '~을 돌보다'라는 뜻이다.

**지문 해석**

낭신의 다음 휴가에는 특별한 무언가를 해 보는 것이 어떠한가? 당신은 몽골에 가서 게르에서 몽골인 가정에서 지내는 유목 생활을 즐겨봐야 한다.

대부분의 몽골인은 유목 생활을 하므로, 그들은 여기저기로 돌아다닌다. 그들은 이동할 때 그들의 집을 가지고 다니는데, 그것은 '게르'라고 불린다. 게르는 전형적인 몽골들의 집이다. 그것은 큰, 원형의 천막처럼 보인다. 그것은 13세기 이후로 수 세기 동안 외관이 변하지 않았다. 사실 칭기즈칸이 이끈 몽골 병사들도 비슷한 게르에서 잠을 잤다.

당신이 게르에서 홈스테이를 하면, 당신은 몽골인들의 삶과 같은 생활을 경험할 수 있다. 당신은 사방으로 끝없이 펼쳐진 초원을 볼 수 있을 것이다. 당신과 당신의 홈스테이 주인 가족들이 그 지역의 유일한 사람들일 것이다. 양이나 염소와 같은 동물들은 평원을 돌아다닌다. 당신은 당신의 홈스테이 가족들이 그 동물들을 돌보는 것을 도울 수 있다. 이것은 진정 당신이 결코 잊지 못할 휴가가 될 것이다.

# 16

pp.50~51

**서술형 핵심 문법** Both Tom and his brother enjoy playing soccer.

| 정답 | **1** (1) F (2) T **2** ② **3** ③ **4** rivalry **5** ⓐ Tesla ⓑ Tesla's ideas |
|---|---|

**문제 해설**

**1** (1) Tesla는 머릿속에서 그의 아이디어를 생각해낸 반면 Edison은 끊임없이 실험했다고 했다. (9~10행)
(2) 전기를 전송하기 위해 Tesla는 교류 기술을, Edison은 직류 기술을 선호했다고 했다. (12~14행)
(1) Tesla는 실험으로 그의 아이디어를 생각해내는 것을 선호했다.
(2) 전기를 전송하는 방법으로 직류와 교류 두 가지가 있다.

**2** 빈칸 앞에서는 Tesla와 Edison이 위대한 발명가였다는 내용이 나오고, 빈칸 뒤에는 그들이 서로를 싫어했다는 반전되는 내용이 이어지므로 빈칸에는 ② '하지만'이 들어가는 것이 가장 알맞다.
① 게다가 ③ 대신에 ④ 다시 말해서 ⑤ 그 결과

**3** Tesla와 Edison의 생활 방식이 아주 달랐다고는 했지만, 그들의 생활 방식이 어떠했는지는 구체적으로 언급되어 있지 않다.
① Tesla는 어떤 종류의 회사에서 일을 시작했는가? (5~6행)
② Edison은 Tesla의 아이디어들에 관해 어떻게 생각했는가? (6~7행)
③ Tesla는 어떤 유형의 생활 방식으로 삶을 살았는가? (언급되지 않음)

④ Edison의 일하는 방식은 어떠했는가? (9~10행)

⑤ 전류의 전쟁은 무엇이었는가? (12~15행)

**4** '두 사람이 같은 것을 두고 겨루고 있는 상태'라는 뜻을 가진 단어는 rivalry(경쟁, 경쟁의식)이다.

**5** 문맥상 ⓐ는 앞 문장에 나온 Tesla를 가리키고, ⓑ는 바로 앞에 나오는 Tesla's ideas를 가리킨다.

구문 해설

**09행** Tesla **worked out** his ideas in his head **while** Edison constantly experimented.
- work out은 '~을 해결하다, ~을 생각해내다'라는 뜻이다.
- 접속사 while은 대조되는 상황에 쓰여 '~인 반면에'라는 뜻이다.

**12행** Tesla wanted **to use** alternating current (AC) technology **to transmit** electricity.
- to use는 to부정사의 명사적 용법으로 동사 want의 목적어로 쓰였다.
- to transmit은 to부정사의 부사적 용법의 목적으로 '~하기 위해서'라는 뜻이다.

**14행** Eventually, Tesla's AC method **was shown to be** the better **one**.
- 〈be shown + to부정사〉는 '~임이 보여지다(증명되다)'라는 뜻의 수동태이다.
- one은 method를 대신하여 쓰인 부정대명사이다.

**15행** Their battle **became known as** the War of Currents and **caused** the two men **to dislike** each other until they died.
- become known as는 '~로서 알려지다'라는 뜻이다.
- 〈cause + 목적어 + to부정사〉는 '~가 …하는 원인이 되다'라는 뜻이다.

**지문 해석** 역사상 가장 위대한 발명가 중에 Nikola Tesla와 Thomas Edison이 있었다. 그들의 발명품들은 역사를 바꿨다. 하지만 그들은 서로를 싫어했고, 큰 경쟁의식을 가지고 있었다.

Tesla는 천재였고 전화 회사에서 일을 시작했다. 후에 Edison은 그를 자신의 회사에 고용했다. Edison은 Tesla의 아이디어들을 좋아했지만, 그것들이 비현실적이라고 생각했다. 그들의 생활 방식 또한 아주 달랐다. Tesla도 Edison도 상대방의 생활 방식을 좋아하지 않았다. 그들은 또한 다른 작업 방식을 가지고 있었다. Tesla는 머릿속에서 자신의 아이디어를 생각해낸 반면에, Edison은 끊임없이 실험했다.

그러나 그것들이 그들의 경쟁의 주요 원인은 아니었다. Tesla와 Edison 두 사람 모두 전기를 가지고 일했다. Tesla는 전기를 전송하기 위해 교류 기술을 사용하길 원했다. Edison은 직류 기술을 선호했다. 결국 Tesla의 교류 방식이 더 좋은 것으로 증명되었다. 그들의 대결은 전류의 전쟁으로 알려지게 되었고, 두 사람이 죽을 때까지 서로를 싫어하는 원인이 되었다.

# 내신 대비 실전 Test

pp.52~53

**정답**

**1** ②　　**2** ④　　**3** ①　　**4** Both, and, were　　**5** Since, for　　**6** ③　　**7** ⑤　　**8** Neither my sister nor I forget our promises.　　**9** It is impossible for me to fast one week.
**10** ③　　**11** fast　　**12** 몸이 축적된 지방을 사용하는 것을 돕기 때문에　　**13** ⑤　　**14** ①
**15** Tesla는 머릿속에서 자신의 아이디어를 생각해낸 반면 Edison은 끊임없이 실험한 것

**문제 해설**

**1** '특정한 목적 또는 방향 없이 걸어 다니다'라는 뜻을 가진 단어는 ② wander(거닐다, 돌아다니다)이다.
① 제어하다, 지배하다
③ 수반하다, 포함하다
④ 수행하다, 실시하다
⑤ 전송하다

**2** ①, ②, ③, ⑤는 반의어 관계인 반면 ④는 유의어 관계이다.

**3** look after: ~을 돌보다

**4** both A and B: A와 B 둘 다

　 Kate는 학교에 늦었다. Sam도 학교에 늦었다.

　 = Kate와 Sam 둘 다 학교에 늦었다.

**5** 현재완료의 계속적 용법은 과거에 시작된 일이 현재까지 계속될 때 사용되는데, for 뒤에는 기간이 since 뒤에는 시점이 온다.

　 • 내가 Tom을 만난 이후로, 우리는 좋은 친구가 되어 왔다.

　 • 우리는 3시간 동안 이 실험을 계속 해오고 있다.

**6** ③에서 has been은 현재완료의 계속적 용법으로 last year는 시점을 나타내는 표현이므로 for 대신 since를 써야 한다.

　 ① Jane도 그녀의 오빠도 곱슬머리가 아니다.

　 ② 그가 내 이름을 잊어버린 것은 이상하다.

　 ③ 이 유행은 지난해부터 인기가 있다.

　 ④ 중요한 것은 건강을 유지하는 것이다.

　 ⑤ 나는 어렸을 때부터 그를 알아 왔다.

**7** ①, ②, ③, ④의 to부정사는 be동사 뒤에서 주어를 보충 설명하는 주격보어 역할을 하는 명사적 용법으로 쓰였고, ⑤의 to부정사는 부사적 용법의 목적으로 쓰였다.

　 ① 그의 계획은 이번 주말에 낚시하러 가는 것이다.

　 ② 그녀의 직업은 아이들에게 영어를 가르치는 것이다.

　 ③ 가장 좋은 방법은 인터넷에서 검색하는 것이다.

　 ④ 나의 꿈은 발명가가 되는 것이다.

　 ⑤ 그녀는 살을 빼기 위해서 매일 운동한다.

**8** 상관 접속사 neither A nor B는 B에 동사의 수를 일치시켜야 하므로 I에 일치시켜 forget이 되어야 한다.

　 언니도 나도 우리의 약속들을 잊지 않는다.

**9** 가주어 it을 사용할 때 to부정사의 의미상의 주어는 to부정사 앞에 〈for + 목적격〉으로 나타낸다.

**[10-12]** p.46 **14** 지문 해석 참고

**10** ⓒ는 같은 문장에 쓰인 목적어 the body를 가리키는 재귀대명사이고, 나머지는 모두 간헐적 단식을 가리킨다.

**11** eat nothing은 '아무것도 먹지 않다'라는 뜻으로 fast(금식하다, 단식하다)와 바꿔 쓸 수 있다.

**12** 간헐적 단식은 몸이 축적된 지방을 사용하는 것을 도우므로 사람들이 체중을 감량할 수 있다고 했다. (15~16행)

**[13-15]** p.50 **16** 지문 해석 참고

**13** Edison이 Tesla의 아이디어들을 비현실적이라고 생각했다고 했다. (3~4행)

**14** '그러나 그것들이 그들의 경쟁에 주요 원인은 아니었다'는 주어진 문장은 그들의 경쟁의 주요 원인인 전류의 전쟁을 설명하기 전인 ①에 들어가는 것이 가장 알맞다.

**15** ⓐ '다른 작업 방식'은 이어지는 문장에서 'Tesla는 머릿속에서 자신의 아이디어를 생각해낸 반면에, Edison은 끊임없이 실험했다'라고 설명되어 있다.

# 05 | Author's Purpose

**정답**　③

이 글은 할아버지가 손자에게 쓴 편지로, 부정적으로 생각하는 손자를 걱정하면서 긍정적으로 생각하면 더 행복해지고 삶이 쉬워질 것이라는 충고를 하는 내용으로 이 글의 목적은 ③이 가장 알맞다.

**지문 해석**　Joe에게,

안녕. 할아버지야. 지난 주말에 너를 만나서 정말 좋았다. 안타깝게도 너는 모든 것에 대해 부정적인 것 같더라. 좀 더 긍정적으로 생각해보는 것이 어떨까? 예를 들어, 너는 "난 그것을 할 수 없어."라고 생각하는 걸 멈춰야 해. 대신에 "난 할 수 있어."라고 생각하렴. 그리고 말할 때 부정적인 표현을 너무 많이 사용하지 말아라. 부정적인 표현들은 너를 나쁜 기분에 들게 하고, 너를 우울하게 만든단다. 하지만 네가 긍정적으로 생각한다면, 너는 더 행복해질 거야. 그러면 너의 삶은 훨씬 더 쉬워질 거야. 네가 생각하는 방식을 바꾸도록 노력해보렴. 그러면 너는 더 행복해질 거야. 행운을 빈다.

할아버지가

# 17

| 정답 | **1** ① | **2** ⑤ | **3** ② | **4** laughter [laughing], psychological, pain |
|---|---|---|---|---|

**문제 해설**　**1** 웃음이 정신과 신체에 어떤 이점을 주는가에 관한 정보를 제공하는 글이므로 이 글의 목적은 ① '정보를 제공하기 위해서'가 가장 알맞다.

[문제] 이 글의 목적으로 가장 알맞은 것은?

② 요청하기 위해서

③ 항의하기 위해서

④ 홍보하기 위해서

⑤ 감사하기 위해서

**2** 대부분의 의사는 웃음이 사람들을 더 행복하게 만드는 심리적 효과뿐만 아니라 사람들의 신체를 향상시킨다는 것에 동의한다고 했으므로 ⑤는 글의 내용과 일치하지 않는다. (14~15행)

**3** 빈칸 앞에는 웃음이 심리적으로 긍정적인 영향을 준다는 내용이 나오고, 빈칸 뒤에는 그에 관한 예시가 이어지고 있으므로 빈칸에는 ② '예를 들어'가 가장 알맞다.

① 대신에　　③ 게다가　　④ 그 결과　　⑤ 다시 말하면

**4** 연구에 따르면, 웃음(웃는 것)은 심리적인 그리고 신체적인 이점들을 둘 다 갖고 있다. 그것은 사람들을 행복하게 만들 수 있고, 또한 신체의 통증도 줄일 수 있다.

**구문 해설**　08행　Studies show **that** laughter **appears to** reduce physical pain.

・that은 목적어절을 이끄는 접속사로 뒤에 주어와 동사가 온다.

・⟨appear + to부정사⟩는 '~처럼 보이다, ~인 것 같다'라는 뜻이다.

This may happen **because of the way the body reacts** when we laugh.

- because of는 '~ 때문에'라는 뜻의 전치사구로서 뒤에 명사가 온다.
- the way 다음에 오는 절은 how가 생략된 관계부사절이다. '~가 …하는 방식'으로 해석한다. 관계부사 how는 선행사 the way와 함께 쓰지 않고 둘 중 하나만 쓴다.

This **makes** the pulse and blood pressure **rise while increasing** the flow of blood.

- 〈make + 목적어 + 동사원형〉은 '~가 …하게 만들다'라는 뜻이다.
- 접속사 while은 '~하는 동안에'라는 뜻으로 뒤에 주어와 동사 it is가 생략되어 있다.

**지문 해석**   당신은 "웃음이 최고의 약"이라는 표현을 들어 본 적이 있는가? 아마도 당신은 그것이 그저 속담이라고 생각했을 것이다. 하지만 웃음은 실제로 당신의 정신과 신체에 유익할 수 있다.

연구들은 웃음이 심리적으로 긍정적인 영향을 준다는 것을 보여준다. 예를 들어, 그것은 사람들을 행복하게 만들고, 우울함을 없앤다. 그것은 불안감을 완화하는 것을 돕고 또한 기분을 향상시킨다. 이러한 이점들은 일리가 있지만, 흥미롭게도 웃음이 주는 신체적인 이점들도 있다. 연구들은 웃음이 신체의 통증을 줄여주는 것 같다는 것을 보여준다. 이것은 우리가 웃을 때 신체가 반응하는 방식 때문에 일어나는 것 같다. 우리가 웃을 때, 우리의 근육들은 움직인다. 이것은 혈류를 증가시키는 동시에 맥박과 혈압이 상승하게 만든다. 우리는 더 빨리 호흡하게 되고, 그것이 혈액 내의 산소의 수치를 증가시킨다. 이것은 신체의 건강 상태를 향상시킨다.

대부분의 의사는 웃는 것이 사람들을 더 행복하게 만들고, 그들의 신체를 향상시킨다는 것에 동의한다. 그러므로 다음에 당신이 아플 때, 웃기 시작하라. 당신은 더 행복해지고, 그것은 또한 당신을 더 건강하게 만들 것이다.

# 18

pp.58~59

**서술형 핵심 문법**   Bears are animals which sleep during the winter.

| 정답 | **1** ④   **2** ② **3** ⑤   **4** ⓐ video games ⓑ Children who play action games |
|---|---|
| | **5** Depressed children often become happier |

**문제 해설**

**1** 비디오 게임이 아이들의 정신과 신체에 긍정적인 영향을 줄 수 있으며 그 구체적인 예시들을 나열한 내용으로 ④ '비디오 게임을 하는 것이 어떻게 아이들을 도울 수 있는가'가 글의 주제로 가장 알맞다.

[문제] 무엇에 관한 글인가?

① 왜 사람들은 비디오 게임을 비난하는가

② 비디오 게임의 장단점

③ 비디오 게임을 하는 것의 부정적인 영향

⑤ 비디오 게임과 뇌 기능의 관계

**2** 비디오 게임이 아이들에게 부정적인 영향을 준다는 통념과 달리 아이들에게 긍정적 영향을 준다는 것을 연구 결과를 근거로 알려주고자 한 것으로 이 글의 목적은 ②가 가장 알맞다.

**3** 비디오 게임이 아이들에게 미치는 긍정적 영향으로 ⑤ 자신감 상승은 언급되지 않았다.

① 운동 기능 향상 (4~6행)

② 시력 향상 (8~9행)

③ 신속한 결정력 (10~11행)

④ 집중력 향상 (11~13행)

**4** 문맥상 ⓐ는 앞 문장의 목적어인 video games를 가리키고, ⓑ는 앞 문장의 주어인 Children who play action games를 가리킨다.

**5** 비디오 게임은 정신적인 문제에도 도움을 줄 수 있으며 그 예로 우울했던 아이들이 종종 비디오 게임을 한 후에 더 행복해졌다고 했다. (13~14행)

Q: 비디오 게임을 하는 것의 한 가지 긍정적인 정신적 효과는 무엇인가?

A: 비디오 게임을 한 후 우울했던 아이들은 종종 더 행복해진다.

**구문 해설**

**01행** **For years**, people **have criticized** video games **for** making children more antisocial, overweight, or depressed.

- have criticized는 현재완료의 계속적 용법으로 쓰였다. For years에서 for는 기간을 나타내는 전치사로 '~ 동안'이라는 뜻이다.
- 두 번째 나오는 for는 이유를 나타내는 전치사로 '~의 이유로, ~ 때문에'라는 뜻이다.

**06행** Studies show **that** these children can kick, catch, and throw balls **better than** children **who** play no video games.

- that은 show의 목적어절을 이끄는 접속사로 생략할 수 있다.
- better than은 '~보다 더 잘'이라는 뜻으로 better는 부사 well의 비교급이다.
- who는 주격 관계대명사로 앞의 명사 children을 수식하는 형용사절을 이끌고 있다.

**08행** Their vision also improves, so they can **tell the difference** between shades of gray quickly.

- tell은 '구별하다'라는 뜻으로 쓰였으며 tell the difference는 '차이를 구별하다'라는 뜻이다.

**10행** Children **who play action games** make decisions 25% **faster than** others.

- 주격 관계대명사 who가 이끄는 형용사절이 문장의 주어인 Children을 수식하고 있다.
- faster than은 '~보다 더 빠르게'라는 뜻으로 faster는 부사 fast의 비교급이다.

**지문 해석** 수년 동안 사람들은 비디오 게임을 아이들을 더 반사회적으로, 과체중으로, 혹은 우울하게 만든다는 이유로 비난해왔다. 하지만 연구 조사는 그것들이 실제로는 아이들의 정신과 신체를 향상시킨다는 것을 보여줬다.

첫째로, 비디오 게임은 아이들의 신체 기능을 향상시킬 수 있다. 스포츠 비디오 게임을 하는 미취학 아동들은 그들의 운동 기능을 발달시킬 수 있다. 연구들은 이러한 아이들이 비디오 게임을 하지 않는 아이들보다 더 공을 잘 차고, 잡고, 던질 수 있다는 것을 보여준다. 그들의 시력 또한 향상되어서, 그들은 회색 음영들의 차이를 빠르게 구별할 수 있다.

비디오 게임은 또한 아이들의 뇌 기능을 향상시킬 수 있다. 액션 게임을 하는 아이들은 다른 아이들보다 25% 더 빠르게 결정을 내릴 수 있다. 그들은 또한 동시에 여섯 가지 이상의 일에 집중할 수 있으며, 혼동하지 않을 수 있다. 마지막으로, 비디오 게임은 정신적인 문제에도 도움이 될 수 있다. 우울했던 아이들은 종종 비디오 게임을 한 후에 더 행복해진다.

요컨대, 비디오 게임은 실제로 아이들을 보다 나은 쪽으로 변화시킬 수 있다. 그러므로 우리는 아이들을 위해 비디오 게임을 하는 것의 이점들을 이용해야 한다.

# 19

p.61

| 정답 | **1** (1) T (2) F   **2** ②   **3** ⑤   **4** 나쁜 꿈을 잡는 것(쫓는 것) |
|---|---|

**문제 해설**   **1** (1) 깃털, 구슬, 조개껍데기, 그리고 다른 물체들이 드림캐처를 장식한다고 했다. (2~3행)

(2) 과거에 사람들은 아이들이 나쁜 꿈을 꾸는 것을 방지하기 위해 드림캐처를 아이들에게 주었다고 했다. (14~15행)

(1) 다양한 장식들이 드림캐처에 추가된다.

(2) 사람들은 파리를 잡기 위해서 드림캐처를 아이들에게 주었다.

**2** 드림캐처가 오늘날 장식품으로 사용되지만 원래 목적은 달랐다면서 미국 원주민 부족의 이야기를 통해 그 유래를 알려주고자 한 내용으로 이 글의 목적은 ②가 가장 알맞다.

**3** 수 세기 동안 미국 원주민 부족들이 드림캐처를 사용해왔다고는 했지만, 그 정확한 시점에 관해서는 언급되지 않았다.

① 드림캐처는 어떻게 생겼는가? (1~2행)

② 당신은 드림캐처를 어떻게 장식할 수 있는가? (2~3행)

③ 사람들은 드림캐처를 어디에 매달아 놓는가? (3~4행)

④ 오늘날 사람들은 어떻게 드림캐처를 사용하는가? (4~5행)

⑤ 사람들은 언제 드림캐처를 사용하기 시작했는가? (언급되지 않음)

**4** 드림캐처의 원래 목적은 두 번째 문단에 나온 그 유래에 관한 이야기를 통해 미국 원주민 부족이 나쁜 꿈을 잡기(쫓기) 위해 만들었다는 것을 알 수 있다.

**구문 해설**

07행 **Nobody** knows **why they started to use dreamcatchers**.

• nobody는 '아무도 ~하지 않다'라는 뜻으로 부정의 의미를 가진다.

• why 이하는 동사 knows의 목적어로 쓰인 간접의문문으로 〈의문사 + 주어 + 동사〉의 어순이다.

08행 **According to** one story, a chief's child became sick **with** a fever **that** caused him terrible nightmares.

• according to는 '~에 따르면'이라는 뜻의 전치사구로 뒤에 명사가 온다.

• with는 원인을 나타내는 전치사로 '~로 인해'라는 뜻이다.

• that은 주격 관계대명사로 앞의 명사 fever를 수식하는 형용사절을 이끌고 있다.

15행 **If** you have nightmares, **how about hanging** one above your bed?

• 접속사 if는 뒤에 주어와 동사가 와서 '만약 ~한다면'이라는 뜻으로 부사절을 이끈다.

• how about은 뒤에 동명사가 와서 '~하는 것은 어떠한가?'라는 뜻으로 제안을 나타내는 표현이다.

**지문 해석**

당신은 드림캐처에 대해서 아는가? 그것들은 고리처럼 생겼으며, 중앙에는 거미줄 모양의 망이 있다. 깃털, 구슬, 조개껍데기, 그리고 다른 물체들이 그것들을 장식한다. 그것들은 침대 위와 벽 위에 걸려 있다. 오늘날 사람들은 주로 그것들을 장식품으로 사용하지만, 그것들의 원래 목적은 매우 달랐다.

수 세기 동안 미국 원주민 부족들은 드림캐처를 사용해왔다. 아무도 왜 그들이 드림캐처를 사용하기 시작했는지는 모른다. 하지만 그것들의 유래에 관한 몇 가지 이야기들이 있다. 한 이야기에 따르면, 부족장의 아이가 끔찍한 악몽을 꾸게 만드는 고열로 아팠다. 병을 고치는 여자 주술사가 거미줄의 패턴을 모방하여 드림캐처를 만들었다. 파리들을 잡는 대신에 그것은 나쁜 꿈들을 잡았다. 좋은 꿈들은 망을 빠져나갔다. 하지만 나쁜 꿈들은 잡혔다. 다음 날 아침, 해가 떠올라서 나쁜 꿈들을 태웠다.

과거에 사람들은 아이들에게 드림캐처를 주었다. 아이들은 나쁜 꿈을 꾸는 것을 방지하기 위해서 그것들을 그들의 침대 위에 걸었다. 만약 당신이 악몽을 꾼다면, 당신의 침대 위에 하나를 거는 것은 어떠한가?

# 20

**서술형 핵심 문법**  After doing my homework, I watched TV.

| 정답 | **1** ③  **2** ④  **3** ⑤  **4** convenient  **5** 쇼핑하러 갈 때 천 가방 가져가기, 병에 든 물 대신에 수돗물 마시기 |
| --- | --- |

**문제 해설**

**1** 플라스틱이 사용하기는 편하지만, 환경에 미치는 부정적인 영향이 크기 때문에 플라스틱 사용량을 줄이자는 내용으로 글의 제목은 ③ '우리는 왜 더 적은 양의 플라스틱을 사용해야 하는가'가 가장 알맞다.
[문제] 글의 제목으로 가장 알맞은 것은?
① 일상생활에서 플라스틱이 얼마나 유용한가
② 사람들이 사용하는 플라스틱의 양
④ 환경을 오염시키는 것들
⑤ 당신이 버리는 플라스틱에 어떤 일이 일어나는가

**2** 한 번 쓰고 버려지는 많은 플라스틱이 환경을 오염시키므로 플라스틱 사용량을 줄여야 하며 그 실천 방법을 제시하고 있는 내용으로 이 글의 목적은 ④가 가장 알맞다.
[문제] 이 글의 목적으로 가장 알맞은 것은?

**3** '종이와 다른 천연 재료들은 상당히 빨리 분해된다'라는 주어진 문장은 대조를 나타내는 연결어 However로 시작하는 플라스틱은 분해되는 데 수백 또는 수천 년이 걸린다는 문장과 대조를 이루므로 이 문장 바로 앞인 ⑤에 들어가는 것이 가장 알맞다.

**4** '유용하거나, 하기 쉽거나, 혹은 문제나 어려움을 일으키지 않는'이라는 뜻을 가진 단어는 convenient(편리한, 간편한)이다.

**5** 우리가 사용하는 플라스틱의 양을 줄이는 방법으로 쇼핑하러 갈 때 천 가방을 가져가는 것과 병에 든 물 대신에 수돗물을 마시는 것이 제시되었다. (13~14행)

**구문 해설**

**02행** Maybe you bought some fruit, water, and meat **packaged** in plastic.
• packaged는 수식어가 딸린 과거분사로 명사를 뒤에서 수식한다.

**07행** In fact, around 50% of plastic products **are used** once **before being thrown away**.
• 〈be동사 + 과거분사〉 형태인 are used는 수동태로 '사용되다'라는 뜻이다.
• before being thrown away는 분사구문으로 시간의 선후를 나타내는 before는 생략되지 않았으며, before they are thrown away로 바꿔 쓸 수 있다.

**14행** There are many other ways **to reduce** the amount of plastic **we use**.
• to reduce는 to부정사의 형용사적 용법으로 앞의 나온 명사 ways를 수식한다.
• we use는 목적격 관계대명사가 생략된 형용사절로 선행사 plastic을 수식한다.

**지문 해설**  지난번 당신이 슈퍼마켓에 갔던 것을 생각해 봐라. 아마도 당신은 플라스틱에 포장된 과일, 물, 그리고 고기를 샀을 것이다. 당신은 또한 모든 것을 비닐봉지에 담았었다, 맞는가?
플라스틱은 매우 편리하며 우리의 삶을 더 쉽게 만든다. 하지만 그것은 환경에 좋지 않다. 대부분의 사람들은 비닐봉지나 플라스틱 용기를 사용한 후 그것들을 버린다. 사실, 플라스틱 제품의 약 50%는 버려지기 전에 한 번 사용된다. 이러한 플라스틱 제품들은 가장 가까운 쓰레기 매립지로 간 다음 오랫동안 머무른다. 종이와 다른 천연 재료들은 상당히 빨리 분해된다. 하지만 플라스틱은 분해되는 데 수백 또는 수천 년이 걸린다. 이것은 플라스틱이 쓰레기 매립지의 공간을 줄이고, 환경을 오염시킨다는 것을 의미한다.
그러면 우리는 무엇을 할 수 있는가? 우리는 우리가 사용하는 플라스틱의 양을 줄여야 한다. 당신은 쇼핑하러 갈 때 천 가방을 가지고 가라. 병에 든 물 대신에 수돗물을 마셔라. 우리가 사용하는 플라스틱의 양을 줄일 다른 많은 방법이 있다. 당신도 몇 가지를 생각해 볼 수 있는가?

# 내신 대비 실전 Test

pp.64~65

| | |
|---|---|
| 정답 | **1** decorate　**2** ⑤　**3** ①　**4** ③　**5** Laughing, loudly　**6** ④　**7** ②　**8** A man threw away trash on the street, which was against the law.　**9** I took some medicine which relieves pain quickly.　**10** ③　**11** ④　**12** 혈액 내의 산소의 수치가 증가된 것　**13** ⑤　**14** ③　**15** a dreamcatcher |

문제 해설

**1** decorate(장식하다): 더 좋게 보이도록 하기 위해서 어떤 것 위에 장식품을 놓다
크리스마스에 사람들은 나무를 장식하고, 크리스마스 캐럴을 부른다.

**2** copy와 create는 반의어 관계이므로 빈칸에는 praise(칭찬하다)의 반의어 ⑤ criticize(비판하다, 비난하다)가 알맞다.

**3** at once: 동시에, 한 번에

**4** 전치사 above는 물체가 표면과 떨어져서 위에 있는 경우에 사용하고, on은 물체가 표면에 접촉한 상태로 위에 있는 경우에 사용한다.
• 강 위에 있는 다리를 보아라.
• 플라스틱병들이 물 위에 떠다니고 있다.

**5** 부사절의 주어가 주절과 같으므로 부사절의 접속사와 주어를 생략하고 동사원형에 '-ing'를 붙여 현재분사로 시작하는 분사구문으로 만든다.
당신이 크게 웃는다면, 당신은 건강해질 것이다.
= 크게 웃는다면, 당신은 건강해질 것이다.

**6** ④에서 선행사가 사람이므로 주격 관계대명사 who나 that을 써야 한다.
① 땅 위에 비닐봉지들이 좀 있다.
② 아기의 침대 위에 모빌을 매달자.
③ 나는 악몽을 꾸었는데, 그것이 나를 울게 했다.
④ 나는 당신의 작품을 베낀 사람을 안다.
⑤ 그녀의 방을 장식하면서, 그녀는 꽃병을 깼다.

**7** ②에서 that은 목적격 관계대명사로 사용되었고, 나머지 문장의 that은 주격 관계대명사로 쓰였다.
① 당신을 비난하는 사람을 미워하지 마라.
② 우리가 쓰는 비닐봉지들은 환경을 오염시킨다.
③ 나는 비디오 게임을 하는 것을 좋아하는 친구가 있다.
④ 과체중인 사람들은 운동해야 한다.
⑤ 그녀는 구슬이 달린 천 가방을 선호했다.

**8** 관계대명사 that은 계속적 용법으로 쓰지 않는다.
한 남자가 길에 쓰레기를 버렸는데, 그것은 법에 위반되었다.

**9** which는 선행사 medicine을 수식하는 형용사절을 이끄는 주격 관계대명사로 뒤에는 동사가 온다.

**[10-12]** p.56 **17** 지문 해석 참고

**10** 우리가 웃을 때, 근육들이 움직여 혈류를 증가시키는 동시에 맥박과 혈압이 상승하게 되고, 더 빨리 호흡하게 되며, 그것이 혈액 내의 산소의 수치를 증가시킨다고 했지만, 호흡량 감소는 언급되지 않았다.

11 대부분의 의사가 웃음이 주는 정신적, 신체적 효과에 동의한다는 (C), 그러므로(So) 아플 때는 웃으라는 (A), 웃음으로 당신은 더 행복해지고 더 건강해질 것이라는 (B)의 내용으로 이어지는 것이 자연스럽다.

12 문맥상 ⓐ는 앞 문장에 나온 '혈액 내의 산소의 수치가 증가된 것'을 의미한다.

**[13-15]** p.60 **19** 지문 해석 참고

13 드림캐처의 가격에 관해서는 언급되지 않았다.

14 ⓒ는 선행사가 사물이므로 주격 관계대명사 which나 that을 써야 한다.

15 부정대명사 one은 같은 종류의 다른 단수 사물을 나타내고 'a(n) + 명사'로 바꿔 쓸 수 있는데 여기서는 a dreamcatcher를 의미한다.

# CHAPTER 06 | Wh-Question Words

내신 실전 적용 독해                                                                                                   p.66

**정답**   ③

Bob Ross가 'The Joy of Painting'의 진행을 그만둔 이유는 글에서 언급되어 있지 않다.
① 그의 아버지는 무슨 일을 하셨는가? (1행)
② 그는 어떻게 생겼는가? (3~4행)
③ 그는 왜 'The Joy of Painting'을 진행하는 것을 그만두었는가? (언급되지 않음)
④ 그는 그림을 그릴 때 어떤 종류의 방법을 사용했는가? (4행)
⑤ 그는 얼마나 오랫동안 'The Joy of Painting'을 진행했는가? (6~7행)

**지문 해석**   Bob Ross는 1942년에 태어났다. 그는 목수의 아들이었다. 하지만 그는 그림 그리기를 다른 것보다 좋아했고, 다른 사람들에게 그림 그리는 것을 가르치는 것을 즐겼다. 1983년에 그는 'The Joy of Painting'이라는 TV 프로그램을 진행하기 시작했다. 그의 긴 턱수염과 곱슬머리와 함께, 그는 빠르게 유명해졌다. 그는 wet-on-wet(마르지 않은 물감 위에 다시 물감을 덧칠하는) 기법을 사용했다. 그래서 그는 그림을 그리는 동안 물감이 마르지 않게 했다. 그것은 그가 매회 프로그램에서 하나의 완성된 풍경화를 그릴 수 있도록 했다. 그 프로그램은 텔레비전에서 10년 이상 방영되었고, 수백만 명의 사람들에게 그림 그리는 것을 가르쳐 주었다.

# 21
                                                                                                                        p.69

| 정답 | 1 ③ | 2 ④ | 3 ④ | 4 ancestor |
| --- | --- | --- | --- | --- |

**문제 해설**   1 멕시코의 유명한 공휴일인 죽은 자들의 날과 그날 사람들이 하는 일을 소개한 내용이므로 ③ '멕시코의 유명한 공휴일, 죽은 자들의 날'이 글의 주제로 가장 알맞다.
[문제] 무엇에 관한 글인가?
① 영화 'Coco'의 주제
② 핼러윈 대 죽은 자들의 날

④ 전 세계의 죽은 자들을 위한 휴일들

⑤ 죽은 자들의 날을 위한 특별한 음식

**2** 중앙아메리카의 공휴일인 죽은 자들의 날이 멕시코에서 특히 인기가 있다고 했지만, 그 이유는 글에서 언급되지 않았다.

① 그 공휴일은 언제 열리는가? (2~4행)

② 그 공휴일은 스페인어로 무엇이라고 불리는가? (5~7행)

③ 사람들은 그 공휴일을 어떻게 기념하는가? (9~11행)

④ 그 공휴일은 왜 멕시코에서 인기가 있는가? (언급되지 않음)

⑤ 사람들은 그 공휴일에 어디를 방문하는가? (13행)

**3** 고인의 사진을 묘지에 가져다 둔다고 했으므로 ④는 글의 내용과 일치하지 않는다. (15~16행)

**4** '당신의 가족 중 오래전에 살았던 사람'이라는 뜻을 가진 단어는 ancestor(조상, 선조)이다.

**구문 해설**  02행 **While** Halloween is celebrated **on** October 31, the Day of the Dead **takes place on** November 1 and 2.

• 접속사 while은 '~인 반면에'라는 뜻으로 대조를 나타낸다.

• 요일이나 날짜 또는 특정일 앞에는 전치사 on을 쓴다.

• take place는 '열리다, 개최되다'라는 뜻이다.

09행 People celebrate the lives of their ancestors **by having** parties and parades and **dancing**.

• 〈by + v-ing〉는 '~함으로써'라는 뜻으로 수단이나 방법을 나타낸다. by에 두 개의 동명사가 연결되어 있다.

14행 They also place things **the deceased enjoyed**, **like** foods and drinks, on the graves.

• the deceased는 〈the + 형용사〉의 형태로 '돌아가신 분들'이라고 해석하며 deceased people로 바꿔 쓸 수 있다.

• the deceased enjoyed는 목적격 관계대명사가 생략된 형용사절로 앞의 명사 things를 수식한다.

• 전치사 like는 '~와 같은'이라는 뜻으로 예시를 나타낼 때 사용한다.

**지문 해석**  최근의 영화 'Coco'는 아주 성공적이었다. 그것의 주제는 멕시코의 유명한 공휴일인 죽은 자들의 날이다. 핼러윈이 10월 31일에 기념되는 반면에, 죽은 자들의 날은 11월 1일과 2일에 열린다.

스페인어로 El Dia de los Muertos인 죽은 자들의 날은 중앙아메리카의 공휴일이다. 그것은 특히 멕시코에서 인기가 있다. 사람들은 파티를 열고 퍼레이드를 하고 춤을 추면서 그들의 조상들의 삶을 기린다. 그들은 죽은 사람들의 영혼들이 지구로 돌아와서 기념행사에 참여한다고 믿는다.

가족들은 이 휴일에 공동묘지를 방문한다. 그들은 그들의 조상들의 묘를 장식하고 청소한다. 그들은 또한 음식과 음료와 같은 고인이 즐겼던 것들을 묘지에 올려둔다. 그들은 묘지에 고인의 사진을 가져다 둔다. 'Pan de muerto', 즉 "죽은 자들의 빵"은 그 휴일의 또 다른 중요한 부분이다. 그 빵은 뼈를 쌓아 올린 모양을 닮았다. 사람들은 또한 그것을 구워서 묘지 위에 둔다.

# 22

pp.70~71

**서술형 핵심 문법**  The picture hanging on the wall is very impressive.

| 정답 | **1** ③ | **2** ④ | **3** ② | **4** are experiencing stress | **5** liars, eyes, touching |
|------|---------|---------|---------|-------------------------------|------------------------------|

**문제 해설**  **1** 오른손잡이는 거짓말을 하기 전에 오른쪽을 보고, 왼손잡이는 그 반대쪽인 왼쪽을 본다고 했으므로 ③은 글의 내용과 일치하지 않는다. (10~11행)

**2** 거짓말쟁이의 행동의 특징을 설명하는 중에 (d) '스트레스에 대응하는 법을 배우는 것은 중요하다'라는 문장은 글의 흐름과 무관하다.

**3** 거짓말쟁이를 어떻게 알아낼 수 있는지에 관한 내용으로 사람들이 거짓말을 하는 이유에 관해서는 글에서 언급되지 않았다.

① Mark Bouton은 누구인가? (1~4행)

② 무엇이 사람들을 거짓말하게 만드는가? (언급되지 않음)

③ 'How to Spot Lies Like the FBI'는 무엇에 관한 책인가? (3~4행)

④ 사람들이 거짓말을 할 때 그들의 눈은 어떻게 변하는가? (두 번째 문단 전체)

⑤ 왼손잡이인 사람들은 거짓말을 할 때 어느 쪽을 보는가? (10~11행)

**4** 거짓말쟁이는 다섯 또는 여섯 번 눈을 빠르게 깜빡일 수도 있는데, 이는 그들이 스트레스를 겪고 있다는 것을 보여준다고 했다. (6~7행)

Q: 거짓말쟁이는 왜 눈을 여러 번 빠르게 깜빡이는가?

A: 그들은 <u>스트레스를 겪고 있기</u> 때문에

**5** 사람들을 관찰함으로써 <u>거짓말쟁이</u>를 알아내는 것은 가능하다. 그들의 <u>눈</u>을 이리저리 움직이거나, 그들의 얼굴을 많이 <u>만지거나</u>, 땀을 흘리는 사람들은 아마도 거짓말을 하는 중일 것이다.

**구문 해설**

01행 **Detecting** liars **is** the work of the FBI.
- 동명사가 주어로 쓰일 경우 단수 취급하여 뒤에 단수 동사가 온다.

01행 Mark Bouton, an FBI agent for 30 years and author of *How to Spot Lies Like the FBI*, explains **how to become** a human lie detector.
- 위 문장의 콤마(,)는 동격을 나타내며 '~인/라는 …'로 해석한다.
- 〈how + to부정사〉는 '~하는 방법, 어떻게 ~할지'라는 뜻이다.

09행 And watch **where people look**.
- where people look은 watch의 목적어로 쓰인 간접의문문으로 〈의문사 + 주어 + 동사〉의 어순이다.

16행 **Are** you **ready to be** a human lie detector?
- 〈be ready + to부정사〉는 '~할 준비가 되다'라는 뜻이다.

**지문 해석**

거짓말쟁이를 알아내는 것은 FBI의 일이다. 30년 경력의 FBI 수사관이자 'How to Spot Lies Like the FBI'의 저자인 Mark Bouton은 인간 거짓말 탐지기가 되는 법을 설명한다.

먼저, 사람들의 눈을 보라. 거짓말을 하는 사람들은 대개 그것들을 이리저리 움직인다. 그들은 또한 빠르게 다섯 또는 여섯 번 눈을 깜빡일 수도 있다. 이것은 그들이 스트레스를 겪고 있다는 것을 보여준다. 거짓말을 하는 것이 스트레스의 주된 원인이다. (스트레스에 대응하는 법을 배우는 것은 중요하다.) 거짓말쟁이는 때때로 1초 이상 눈을 감기도 한다. 그리고 사람들이 어디를 바라보는지 보라. 오른손잡이인 사람들은 거짓말을 하기 전에 오른쪽을 본다. 왼손잡이인 사람들은 반대 방향을 본다.

사람들의 눈만을 보지는 마라. 사람들이 거짓말을 할 때, 그들의 얼굴은 간지럽다. 그래서 사람들은 그들의 얼굴을 긁는다. 사람들이 그들의 얼굴을 많이 만지면, 그들은 아마도 거짓말을 하고 있는 것이다. 거짓말쟁이는 땀도 많이 흘린다. 그러므로 사람들의 얼굴이나 몸에 나는 땀을 찾아라.

이제 당신은 거짓말쟁이를 잡을 수 있다. 당신은 인간 거짓말 탐지기가 될 준비가 되었는가?

# 23

| 정답 | **1** (1) F (2) T  **2** ③  **3** ④  **4** 물과 다른 화학 물질들이 땅속으로 들어가서 지표면 아래의 석회석을 용해하는 것 |
|---|---|

**문제 해설**

**1** (1) 싱크홀은 드문 것처럼 보이지만, 실제로 그것들은 전 세계적으로 흔하다고 했다. (3~5행)

(2) 사람들이 더 이상 사용하지 않는 광산들이 때때로 싱크홀을 형성한다고 했다. (15~16행)

(1) 싱크홀은 세계에서 드문 자연적인 현상이다.

(2) 오래되고, 사용되지 않는 광산은 싱크홀이 형성되게 할 수 있다.

**2** '사람들 또한 싱크홀을 형성시킬 수 있다'라는 주어진 문장은 싱크홀이 자연적으로 생성되는 과정을 설명한 다음, 사람들로 인해 싱크홀이 만들어지는 구체적인 예가 나오기 전인 ③에 오는 것이 가장 알맞다.

**3** 중국에 있는 깊이가 670m에 이르는 가장 큰 싱크홀이 언제 생성되었는지는 글에서 언급되지 않았다.

① 싱크홀은 무엇인가? (6~7행)

② 세계에서 가장 큰 싱크홀은 어디에 있는가? (8행)

③ 세계에서 가장 큰 싱크홀은 얼마나 깊은가? (8~9행)

④ 가장 큰 싱크홀은 언제 형성되었는가? (언급되지 않음)

⑤ 싱크홀은 어디에서 흔히 형성되는가? (11행)

**4** ⓐ는 앞 문장의 내용, 즉 '물과 다른 화학 물질들이 땅속으로 들어가서 지표면 아래의 석회석을 용해하는 것'을 의미한다.

**구문 해설**

01행 Sometimes there are news stories about sinkholes suddenly **appearing**.

• appearing은 수식어가 딸린 현재분사로 명사 sinkholes를 뒤에서 수식한다.

14행 **Since** the land above them is heavy, it **often** collapses into the empty spaces.

• since는 '~ 때문에'라는 이유를 나타내는 접속사로 쓰였다.

• often은 빈도부사로 be동사 뒤, 일반동사 앞에 위치한다.

15행 Mines **people no longer use** sometimes form them.

• people no longer use는 목적격 관계대명사가 생략된 형용사절로 앞의 명사 mines를 수식한다.

17행 These can erode the land and **make** sinkholes **form**.

• 〈make + 목적어 + 동사원형〉은 '~가 …하게 만들다'라는 뜻이다.

**지문 해설**

때때로 갑자기 발생하는 싱크홀에 관한 뉴스 이야기들이 있다. 그것들은 집과 건물을 삼키고, 사람들을 죽인다. 그것들은 드문 것처럼 보이지만, 실제로 그것들은 전 세계적으로 흔하다.

싱크홀은 지구의 표면에 있는 큰 구멍이다. 대부분은 작지만, 일부 싱크홀들은 깊이가 600m 이상이다. 세계에서 가장 큰 싱크홀은 중국에 있다. 그것의 깊이는 670m다. 싱크홀은 sinks, shake holes, 그리고 swallow holes를 포함하는 많은 이름을 갖고 있다. 하지만 그것들은 모두 비슷한 방식으로 형성된다.

그것들은 암석의 종류의 하나인 석회석으로 이뤄진 지역에서 흔히 형성된다. 물과 다른 화학 물질들이 땅속으로 들어가서 지표면 아래의 석회석을 용해한다. 이것은 빈 공간과 큰 굴을 만든다. 시간이 흐르면서 이러한 공간과 큰 굴은 점점 더 커진다. 그것들 위의 땅은 무겁기 때문에, 그것은 종종 빈 공간 안으로 무너진다. 이것이 싱크홀을 형성한다. 사람들 또한 싱크홀을 형성시킬 수 있다. 사람들이 더 이상 사용하지 않는 광산들이 때때로 그것들을 형성한다. 지하의 수도관 또한 부서져서 물을 방출할 수 있다. 이러한 것들은 땅을 침식시켜 싱크홀이 형성되게 만들 수 있다.

# 24

**서술형 핵심 문법**   I got a letter written in English.

| 정답 | 1 ④   2 ④   3 ⑤   4 it is the driest desert in the world<br>5 resembles the soil found on the planet Mars |
|---|---|

**문제 해설**

**1** Atacama 사막의 높은 고도에는 종종 눈이 내려 일부 높은 산의 꼭대기가 눈으로 덮여 있다고는 했지만, 그 산들의 높이는 언급되지 않았다.

① 그 사막은 어디에 위치해 있는가? (1~2행)

② 그 사막에는 일 년에 얼마나 많은 양의 비가 내리는가? (4~5행)

③ 그 사막의 날씨는 어떠한가? (글 전체)

④ 그 사막에 있는 산들은 얼마나 높은가? (언급되지 않음)

⑤ 그 사막에는 왜 많은 천문대가 있는가? (13~15행)

**2** ⓓ는 Atacama 사막의 온도를 가리키고, 나머지는 모두 Atacama 사막을 가리킨다.

**3** 빈칸 앞에는 Atacama 사막의 특이한 토양 때문에 NASA가 그곳에서 테스트한다는 내용이 나왔고, 빈칸 뒤에는 밤의 날씨가 맑아 많은 천문대가 있다는 내용을 추가하고 있으므로 ⑤ '게다가'가 들어가는 것이 가장 알맞다.

① 그러므로         ② 그렇지 않으면         ③ 하지만         ④ 그 결과

**4** '~에서 가장 …한'은 최상급 표현으로 〈the + 최상급 + in/of〉 구문을 쓴다.

**5** Atacama 사막의 토양은 화성에서 발견된 토양과 비슷하기 때문에 NASA는 화성에 보낼 장비를 Atacama 사막에서 테스트한다고 했다. (11~13행)

Q: NASA는 왜 그것의 장비를 Atacama 사막에서 테스트하는가?

A: 그곳의 토양은 <u>화성에서 발견된 토양과 비슷하기</u> 때문에

**구문 해설**

**05행** And some parts of it **have gotten** no rain **for** centuries.

• have gotten은 현재완료 계속으로 '~해왔다'라는 뜻이다. 기간이 올 때는 전치사 for와 함께 쓴다.

**08행** **Even though** it is a hot and dry desert, snow **often** falls at high altitudes.

• even though는 '비록 ~이지만'이라는 뜻의 양보를 나타내는 접속사로 뒤에 〈주어 + 동사〉가 온다.

• often은 빈도부사로 be동사 뒤, 일반동사 앞에 위치한다.

**12행** For that reason, NASA**,** the American space agency, tests equipment **it will send to Mars** there.

• 위 문장의 콤마(,)는 동격을 나타내며 '~인/라는 …'로 해석한다.

• it will send to Mars는 목적격 관계대명사가 생략된 형용사절로 앞의 명사 equipment를 수식한다.

**지문 해석**   Atacama 사막은 남미의 칠레에 위치한다. 그 사막은 태평양 연안을 따라 있지만, 그것은 매우 건조하다. 사실, 그것은 세계에서 가장 건조한 사막이다. 이 지역의 평균 강수량은 일 년에 1mm 이하이다. 그리고 그것의 일부 지역에서는 수 세기 동안 비가 내리지 않았다.

그 사막의 온도는 낮에 섭씨 40도까지 오를 수 있다. 하지만 그것은 밤에 섭씨 5도까지 내려갈 수 있다. 비록 그것은 덥고 건조한 사막이지만, 높은 고도에는 종종 눈이 내린다. 그래서 일부 높은 산의 꼭대기는 눈으로 덮여 있다.

Atacama 사막의 토양 또한 특별하다. 그것은 화성에서 발견된 토양과 비슷하다. 그러한 이유로 미국 항공 우주국인 NASA는 그것이 화성으로 보낼 장비를 그곳에서 테스트한다. 게다가 Atacama 사막은 연간 300일 이상 밤의 날씨가 맑다. 그래서 많은 천문대가 그곳에 위치해 있다.

# 내신 대비 **실전 Test**

| 정답 | **1** ⑤　　**2** ②　　**3** ④　　**4** seems to　　**5** The flu vaccine is free for the elderly [elderly people].　　**6** ②　　**7** ③　　**8** The left-handed [Left-handed people] seem to be more creative. **9** The chairs placed in the park are covered with snow.　　**10** ③　　**11** ④　　**12** 왼쪽 **13** ②　　**14** ⑤　　**15** empty spaces and caverns |
|---|---|

문제 해설

**1** '종종 분해된 후에 갑자기 무너지다'라는 뜻을 가진 단어는 collapse(붕괴하다, 무너지다)이다.
① 긁다　　② 알아내다　　③ 삼키다, 집어삼키다　　④ 침식하다, 부식시키다

**2** ①, ③, ④, ⑤는 반의어 관계인 반면 ②는 유의어 관계이다.

**3** take part in: ~에 참가(참여)하다

**4** 〈appear + to부정사〉는 '~처럼 보이다, ~인 것 같다'는 뜻으로 〈seem + to부정사〉로 바꿔 쓸 수 있다.
그 기념행사는 언기된 것처럼 보인다.
= 그 기념행사는 연기된 것 같다.

**5** 〈the + 형용사〉는 '~한 사람들'이라는 뜻으로 〈형용사 + people〉로 바꿔 쓸 수 있다.
독감 주사는 노인들에게 무료이다.

**6** ②에서 나뭇잎은 이미 길가에 떨어진 낙엽을 의미하므로 수동과 완료의 의미를 갖는 과거분사를 써야 한다.
① 부자들이 항상 행복한 것은 아니다.
② 떨어진 나뭇잎들이 길 위에 있다.
③ 그의 새 책은 성공적인 것 같다.
④ 그들은 풀로 덮여 있는 한 무덤을 발견했다.
⑤ 나는 그의 엄마를 찾고 있는 어린 소년을 보았다.

**7** ③의 현재분사는 〈be동사 + 현재분사〉로 지금 진행 중인 동작을 나타내는 진행형으로 쓰였고, 나머지는 수식어가 딸린 현재분사로 앞에 있는 명사를 수식하고 있다.
① 얼굴을 긁고 있는 여자는 나의 엄마이다.
② 거짓말을 하는 사람들은 벌을 받을 것이다.
③ 그는 먼지 때문에 그의 눈을 깜빡이고 있다.
④ 경기에 참여한 모든 사람은 상을 받을 것이다.
⑤ 침대에서 잠을 자고 있는 아기는 내 어린 여동생이다.

**8** '~한 사람들'은 〈the + 형용사〉 또는 〈형용사 + people〉로 쓸 수 있으며 주어로 쓰일 경우 뒤에 복수 동사가 온다. '~인 것 같다'는 〈seem + to부정사〉를 쓴다.

**9** 과거분사에 수식어가 딸린 경우 명사를 뒤에서 수식하며, be covered with는 '~로 덮여 있다'라는 뜻이다.

**[10-12]** p.70 22 지문 해석 참고

**10** 거짓말쟁이의 행동의 특징으로 눈썹을 찡그리는 것은 언급되지 않았다.

**11** ⓓ는 watch의 목적어인 간접의문문으로 〈의문사 + 주어 + 동사〉의 어순이어야 한다.

**12** (a) '반대 방향'은 바로 앞 문장에서 언급된 오른쪽의 반대인 왼쪽을 의미한다.

**[13-15]** p.72 23 지문 해석 참고

**13** 명사를 뒤에서 수식하면서 능동과 진행의 의미를 가진 현재분사가 들어가야 한다.

**14** 싱크홀에 대한 대처 방법은 글에서 언급되지 않았다.

**15** 문맥상 ⓐ는 전전 문장에 나온 empty spaces and caverns(빈 공간과 큰 굴)를 가리킨다.

# WORKBOOK ANSWER KEYS

**A**
1 주장하다, 주장
2 숫자
3 치료하다, 고치다
4 계속하다
5 계산기
6 actual
7 infect
8 shortcut
9 multiply
10 weakened

**B**
1 destroy
2 false
3 inject
4 strategy
5 threat
6 release

**C**
1 fall down
2 set up
3 immune system
4 grocery store
5 elementary school

**D**
1 finding, 그 문제를 해결할 새로운 전략을 찾는 것이 어떠한가?
2 what to add, 나는 수프에 무엇을 첨가해야 할지 모르겠다.
3 to develop, 질병을 치료하기 위한 약을 개발하는 것은 중요하다.
4 to us, 선생님은 우리에게 두 자리 숫자를 곱하는 법을 보여주셨다.

**E**
1 start learning how to program
2 It is difficult to win
3 lent a calculator to me

**F**
1 How [What] about finding a shortcut to go there?
2 He read a mysterious story to us. [He read us a mysterious story.]
3 It is not easy to increase sales of the product.

**A**
1 제안하다, 시사하다
2 진보된
3 유물, 골동품
4 잘못 두다
5 남쪽의, 남반구의
6 weak
7 block
8 device
9 single
10 battle

**B**
1 request
2 severe
3 artifact
4 secure
5 current
6 private

**C**
1 is made up of
2 at any time
3 play a role
4 made an agreement
5 escape from

**D**
1 collected → has collected, 그 부자는 30년 동안 유물을 수집해오고 있다.
2 safely → safe, 진보된 잠금장치는 당신의 스마트폰을 안전하게 유지해 줄 것이다.
3 How → How much, 그녀는 그 보석류에 얼마나 많은 돈을 썼나요?
4 was → is, 나는 초등학교에서 1분이 60초라고 배웠다.

**E**
1 I have used fingerprints
2 How many artifacts were found
3 stated that she could get

**F**
1 How fast can the athlete run?
2 Drink this tea to keep your body warm.
3 I have misplaced my keys several times.

**A**
1 경험, 경험하다
2 불쾌한, 불편한
3 잠시, 잠깐
4 비뚤어진, 뒤틀린
5 주문하다, 명령하다
6 calm
7 cost
8 straight
9 alone
10 descend

**B**
1 reserve
2 quiet
3 employee
4 huge
5 freeze
6 vomit

**C**
1 put on
2 is about to
3 came to mind
4 take a breath
5 blew out

**D**
1 colder → cold, 이 지역의 날씨는 북극만큼 춥다.

**2** most and most → more and more, 그 영화는 점점 더 흥미진진해졌다.

**3** who → which [that], 내가 지난번에 주문한 그 음식의 맛은 끔찍했다.

**4** loud and loud → louder and louder, 그 아이는 점점 더 시끄럽게 비명을 질렀다.

**E 1** Since we are about to leave

**2** The ground shook harder and harder

**3** The college my sister goes to

**F 1** Since [Because] the big test was over, I breathed a sigh of relief.

**2** The desk clerk was as kind as my friend.

**3** The hotel (that/which) I stayed at has a huge swimming pool.

CHAPTER **04**                    pp.10~11

**A 1** 돌아다니다, 방랑하다      **6** endless

**2** 수행하다, 실시하다      **7** control

**3** 전기, 전력      **8** unrealistic

**4** 인상적인      **9** century

**5** 원형의, 둥근      **10** impossible

**B 1** period      **4** transmit

**2** nomadic      **5** involve

**3** method      **6** typical

**C 1** known as

**2** hold your breath

**3** lose weight

**4** work out

**5** looks after

**D 1** are → am, Jason도 나도 천재가 아니다.

**2** to Koreans → for Koreans, 한국인들이 설날에 한복을 입는 것은 전형적이다.

**3** or → and, 물과 음식 둘 다 생존을 위해 필수적이다.

**4** since → for, 나는 건강 검진을 하기 위해 이틀 동안 금식하고 있다.

**E 1** It is impossible for me to work out

**2** Neither my best friend nor I follow

**3** The problem is to transmit electricity

**F 1** It is dangerous for you to go out alone at night.

**2** Neither Mike nor Sally did their homework.

**3** The stray cat has wandered the streets since last weekend.

CHAPTER **05**                    pp.12~13

**A 1** 통증, 고통      **6** pollute

**2** 편리한, 간편한      **7** origin

**3** 악몽      **8** anxiety

**4** 천연의, 자연의      **9** relieve

**5** 목적, 용도      **10** overweight

**B 1** criticize      **4** antisocial

**2** saying      **5** landfill

**3** react      **6** depressed

**C 1** stick around

**2** throw away

**3** at once

**4** pass through

**5** pay attention to

**D 1** that → which, 나는 음악을 듣는 것을 좋아하는데, 그것은 내가 불안감을 완화하도록 돕는다.

**2** who → which [that], 당신의 혈압을 포함한 검진 결과는 당신의 이메일로 보내질 것이다.

**3** above → on, 그녀는 해변에 있는 조개껍데기를 모아서 목걸이를 만들었다.

**4** Played → Playing, 비디오 게임을 하면서, 우리는 즐거운 시간을 보냈다.

**E 1** which is convenient to carry

**2** the fever which lasted for two days

**3** After seeing the TV program about plastic

**F 1** After having a nightmare [After I had a nightmare], I woke up at midnight.

**2** Copying your friend's work is cheating, which is illegal.

**3** The clock hanging on the wall looks expensive.

**A**　1 반대의, 정반대의　　6 soil
　　2 장비, 기기　　　　　7 scratch
　　3 삼키다, 집어삼키다　8 rainfall
　　4 조상, 선조　　　　　9 deceased
　　5 붕괴하다, 무너지다　10 spirit

**B**　1 cemetery　　　4 dissolve
　　2 major　　　　　5 erode
　　3 observatory　　6 detect

**C**　1 took part in
　　2 is covered with
　　3 get into
　　4 is looking for
　　5 are ready to

**D**　1 reads → read, 요즘에 젊은 사람들은 노인들보다 책을 덜 읽는다.
　　2 sweated → sweating, 땀을 많이 흘리는 사람들은 아마도 거짓말을 하는 중일 것이다.
　　3 being → to be, 그 지하 광산은 더 이상 사용되지 않는 것 같다.
　　4 swallowing → swallowed, 싱크홀에 빠진 그 남자는 안전하게 구조되었다.

**E**　1 The man testing the new equipment is
　　2 He volunteers to help the elderly
　　3 The observatory located on top of the mountain

**F**　1 The desert seems to be located in the southern area.
　　2 People wearing funny costumes attended the celebration.
　　3 Look at the presents placed under the Christmas tree.

# Reading Skill로 끝내는

## 중학 내신 독해 ③ 정답 및 해설

| | |
|---|---|
| **저자** | Michael A. Putlack · 플라워에듀 |
| **편집장** | 조미자 |
| **책임편집** | 김미경 · 정진희 · 최수경 |
| **표지디자인** | 김성희 |
| **디자인** | 김성희 · 임미영 |
| **마케팅** | 이원호 · 도성욱 · 문신영 |
| **관리** | 차혜은 · 이성희 |
| **인쇄** | 삼화 인쇄 |
| **펴낸이** | 정규도 |
| **펴낸곳** | Happy House |

서울시 마포구 잔다리로 64-1 다락원 빌딩
**전화** 02-736-2031 (내선 250)
**팩스** 02-736-2037

ISBN 978-89-6653-557-6  53740

# Reading Skill로 끝내는

## 끝내는

# 중학 내신
# 독해 ❸
### Level

## 정답 및 해설